Biblischer Zitatenschatz

Biblischer Zitatenschatz

Über 2000 Sprüche aus der Bibel nach Themen geordnet

zusammengestellt von
Heinz Schäfer

Deutsche Bibelgesellschaft

ISBN 3-438-06210-0

Bibeltexte: Lutherbibel, revidiert 1984
Titelfoto: Ruprecht Veigel
Umschlagentwurf und Innengestaltung:
Ellen Böckmann & Neil McBeath, Kornwestheim
Satz: Satzatelier Ruck, Filderstadt
Druck und Verarbeitung: Ebner Ulm

Printed in Germany

Zur Einführung

Eigentlich sollte es ein bescheidenes Büchlein mit Bibelsprüchen werden, was der Bibelfreund nun als „Biblischen Zitatenschatz" mit über 2000 Texten in Händen hält. Über der sorgfältigen Durchsicht des Buches der Bücher sind mir immer mehr ihrer Kernsätze wieder neu lieb und wichtig geworden. Gleichzeitig wurde mir bewußt, wie umfassend und vielgestaltig die Bibel uns Antwort gibt – und das nicht nur auf die fundamentalen Fragen nach unserem Heil, sondern auch auf die Probleme, die wir nur zu gern als neutral und von der Bibel unberücksichtigt ansehen. Wenn Sie in diesem Zitatenschatz auch nur flüchtig blättern, werden Sie nicht anders können, als diesen Eindruck zu bestätigen.

Dennoch möchte ich mit allem Nachdruck feststellen, daß der »Biblische Zitatenschatz« nicht die Funktion einer Kurzbibel hat. Er ersetzt in keinem Fall das Studium der Heiligen Schrift, die als Ganzes und Zusammenhängendes das verbindliche Zeugnis des Gotteswillens ist und bleibt. Der »Biblische Zitatenschatz« will eine Hilfe sein, die uns den Reichtum der Bibel erschließt. So sollte denn beim Gebrauch des »Zitatenschatzes« immer auch eine Bibel daneben liegen, damit man sich über den Kontext informieren kann, in dem ein Bibelzitat steht – wenngleich alle Sorgfalt darauf verwendet worden ist, daß keine aus dem Zusammenhang gerissenen Texte erscheinen. Des Umfangs wegen wurde allerdings darauf verzichtet, den jeweiligen Sprecher zu nennen; zumeist ergibt sich das ohnehin aus dem Zusammenhang und der Bibelstellen-Angabe.

Öfter umfassen die Texte mehrere Verse der Bibel. Dabei sind

Sätze oder Satzteile, die nach Inhalt oder Zusammenhang für den Text nicht wesentlich waren, weggelassen worden – ebenfalls, um Platz zu sparen. Auf Auslassungszeichen wurde verzichtet.

Manche Texte, die Aussagen zu zwei oder mehr Themen enthielten, wurden getrennt und als Teile den entsprechenden Sachgruppen zugewiesen. Dies betrifft vor allem Sprüche aus den Apostelbriefen. So leuchtet manche Aussage neu auf, der man im Rahmen einer Aufzählung, wie sie in der Bibel steht, wenig Beachtung geschenkt hat.

Auch bei den über 2000 Texten, die nun vorliegen, ist noch manches unberücksichtigt geblieben, das den Platz in solch einem »Zitatenschatz« verdient hätte. Da und dort mögen es sogar Sprüche sein, die zu den herausgehobenen Kernstellen der Lutherbibel gehören. Es ging mir vor allem darum, die Vielfalt biblischer Aussagen zu den Lebensproblemen unserer Tage herauszustellen. Wo ein Text, auch wenn er sehr geläufig ist, bereits Ausgesagtes nur wiederholt, wurde auf ihn verzichtet.

Aus den Gleichnissen Jesu sind keine Ausschnitte wiedergegeben; sie wären, wollte man den Zusammenhang wahren, zu umfangreich. Aber sämtliche Gleichnisse sind in den sie betreffenden Sachgruppen mit ihrem Namen und der Fundstelle erwähnt.

Verwendet wurde der Text der Lutherbibel, revidiert 1984, und damit jene Übersetzung, die bis heute für denjenigen am geeignetsten ist, der sich Bibelsprüche wörtlich einprägen will.

Die Gliederung bereitete nicht geringe Schwierigkeiten. Die Bibel entzieht sich in ihrer Lebendigkeit einer allzu straffen Rubrizierung. Nicht wenige der Texte hätten auch in andere Sachgruppen eingebracht werden können als dort, wo sie jetzt zu finden sind. Andererseits lag mir daran, dieses Spruchangebot möglichst breit gefächert vorzulegen. Die nahezu 200 Abschnitte ersehen Sie aus dem Inhaltsverzeichnis, das dieser Einleitung folgt und dann im Buch wiederkehrt. Zur leichteren Orientierung sind auf jeder Doppelseite links die übergeordneten Kapitel- und rechts die Hauptüberschriften in der Kopfzeile noch einmal aufgenommen. Im ersten und zweiten Kapitel sind Texte des Alten und des Neuen Testaments, im dritten und vierten nur des Alten Testaments zu finden, während die dann folgenden Kapitel ausschließlich neutestamentliche Worte beinhalten.

Trotz dieser umfangreichen Gliederung wollte ich auf ein Stichwortverzeichnis nicht verzichten, das einen noch schnelleren Zugriff auf das Spruchangebot ermöglicht. Es ist am Ende des Bandes zu finden, und zwar in zwei unterschiedlichen Zugangsweisen:
1. Ein *gegliedertes* Stichwortverzeichnis, bei dem der gesamte Stichwortbestand 40 Themen zugeordnet ist. Die weitgefächerte Gliederung zu Beginn dieses Bandes war dafür nicht verwendbar. Innerhalb der Themen erscheinen alle ihnen zugehörigen Stichworte in alphabetischer Folge unter Anfügung der Nummern der betreffenden Texte. Vermutlich wird diese Form des Stichwortverzeichnisses für den, der systematisch etwas sucht, am hilfreichsten sein.
2. Ein *durchlaufendes* alphabetisches Stichwortverzeichnis. Dabei habe ich mich bemüht, für das erste, zur alphabetischen Erfassung bestimmte Wort einen Begriff zu wählen, der aussagefähig ist. So ergeben sich hie und da Wortzusammensetzungen, die uns vom normalen Sprachgebrauch her nicht vertraut sind. Wo es sinnvoll schien, sind sie einem übergeordneten Stichwort zugeteilt. So findet man etwa die Aussagen der Bibel zu Wesen und Werk Jesu unter seinem Namen, und dort wiederum in alphabetischer Folge.

Die Stichwörter wollen von ihrer Formulierung her der Auslegung eines Textes in keiner Weise vorgreifen. Wo es irgend möglich war, habe ich auf den biblischen Wortschatz zurückgegriffen; da und dort erschien es sinnvoll, nach einem Wort zu suchen, das unserem heutigen Sprachgebrauch entspricht.

Eine Fülle erwartet den, der mit diesem Buch ein gründliches Schriftstudium betreiben möchte; gut bedacht ist aber auch jener, der nur auf gelegentliche Entdeckungsreisen ausgeht, weil er etwa für eine Ansprache, einen Aufsatz oder einen Brief ein treffendes Zitat sucht. Beiden mag es so gehen wie mir, der über dieser recht umfangreichen Arbeit sagen lernte: »Ich freue mich über dein Wort wie einer, der eine große Beute macht« (Ps 119,162).

Heinz Schäfer

Abkürzungen

Die Abkürzungen für die Stellenangaben der Bibelsprüche sind der Standardausgabe der Lutherbibel entnommen:

Am	Amos	3.Joh	3.Johannes
Apg	Apostelgeschichte	Jona	Jona
1.Chr	1.Chronik	Jos	Josua
2.Chr	2.Chronik	Jud	Judas
Dan	Daniel	Klgl	Klagelieder
Eph	Epheser	1.Kön	1.Könige
Esr	Esra	2.Kön	2.Könige
Est	Ester	Kol	Kolosser
Gal	Galater	1.Kor	1.Korinther
Hab	Habakuk	2.Kor	2.Korinther
Hag	Haggai	Lk	Lukas
Hebr	Hebräer	Mal	Maleachi
Hes	Hesekiel (Ezechiel)	Mi	Micha
Hiob	Hiob (Ijob)	Mk	Markus
Hld	Hoheslied	Mt	Matthäus
Hos	Hosea	1.Mose	1.Mose (Genesis)
Jak	Jakobus	2.Mose	2.Mose (Exodus)
Jer	Jeremia	3.Mose	3.Mose (Levitikus)
Jes	Jesaja	4.Mose	4.Mose (Numeri)
Joel	Joel	5.Mose	5.Mose (Deuteronomium)
Joh	Johannes	Nah	Nahum
1.Joh	1.Johannes	Neh	Nehemia
2.Joh	2.Johannes	Obd	Obadja

Offb	Offenbarung	Sach	Sacharja
1.Petr	1.Petrus	1.Sam	1.Samuel
2.Petr	2.Petrus	2.Sam	2.Samuel
Phil	Philipper	Spr	Sprüche (Sprichwörter)
Phlm	Philemon	1.Thess	1.Thessalonicher
Pred	Prediger (Kohelet)	2.Thess	2.Thessalonicher
Ps	Psalm(en)	1.Tim	1.Timotheus
Ri	Richter	2.Tim	2.Timotheus
Röm	Römer	Tit	Titus
Rut	Rut	Zef	Zefanja

Inhalt

Gottes auserwähltes Volk Israel

Gottesbeziehung und Gotteserfahrung im Alten Bund

Der ewige Gott und sein Schöpfungswerk

Gottes Wesen

Der Unwandelbare

Ich werde sein, der ich sein werde. *2.Mose 3,14* 1

Du hast vorzeiten die Erde gegründet, 2
und die Himmel sind deiner Hände Werk.
Sie werden vergehen, du aber bleibst;
sie werden alle veralten wie ein Gewand;
wie ein Kleid wirst du sie wechseln.
Du aber bleibst, wie du bist,
und deine Jahre nehmen kein Ende. *Ps 102,26–28*

Ich, der Herr, wandle mich nicht. *Mal 3,6* 3

Alle gute Gabe und alle vollkommene Gabe 4
kommt von oben herab,
von dem Vater des Lichts,
bei dem keine Veränderung ist noch Wechsel
des Lichts und der Finsternis. *Jak 1,17*

Der Heilige

5 Wer ist dir gleich, der so heilig ist? *2.Mose 15,11*

6 Ihr sollt heilig sein, denn ich bin heilig,
der Herr, euer Gott. *3.Mose 19,2*

7 Der Herr ist ein heiliger Gott,
ein eifernder Gott. *Jos 24,19*

8 Rühmet seinen heiligen Namen! *1.Chr 16,10*

9 Der Herr, der Allerhöchste, ist heilig,
ein großer König über die ganze Erde. *Ps 47,3*

10 Gott, dein Weg ist heilig. *Ps 77,14*

11 Gott, der Heilige, wird sich heilig erweisen
in Gerechtigkeit. *Jes 5,16*

12 Heilig, heilig, heilig ist der Herr Zebaoth,
alle Lande sind seiner Ehre voll! *Jes 6,3*

13 Du allein bist heilig. *Offb 15,4*

Der Herrliche

Alle Welt soll der Herrlichkeit des Herrn voll werden. 14
4. Mose 14,21

Die Himmel erzählen die Ehre Gottes, 15
und die Feste verkündigt seiner Hände Werk.
Ps 19,1

Kommt her und sehet an die Werke Gottes, 16
der so wunderbar ist in seinem Tun an den
Menschenkindern. *Ps 66,5*

Du, Herr, bist herrlicher und mächtiger 17
als die ewigen Berge. *Ps 76,5*

Herr, mein Gott, du bist sehr herrlich; 18
Licht ist dein Kleid, das du anhast. *Ps 104, 1–2*

Die Herrlichkeit des Herrn bleibe ewiglich, 19
der Herr freue sich seiner Werke! *Ps 104,31*

Groß sind die Werke des Herrn; 20
wer sie erforscht, der hat Freude daran. *Ps 111,2*

Du hast deinen Namen und dein Wort herrlich 21
gemacht über alles. *Ps 138,2*

Der Ewige

22 Ehe die Berge wurden
und die Erde und die Welt geschaffen wurden,
bist du, Gott, von Ewigkeit zu Ewigkeit. *Ps 90,2*

23 Deine Jahre währen für und für. *Ps 102,25*

24 Gott hat allein Unsterblichkeit.
Er wohnt in einem Licht,
zu dem niemand kommen kann.
Kein Mensch hat ihn gesehen noch kann ihn sehen.
1.Tim 6,16

25 Ich bin das A und das O, spricht Gott der Herr,
der da ist und der da war und der da kommt,
der Allmächtige. *Offb 1,8*

Der Unsichtbare

26 Mein Angesicht kannst du nicht sehen;
denn kein Mensch wird leben, der mich sieht.
2.Mose 33,20

27 Dein Weg ging durch das Meer
und dein Pfad durch große Wasser;
doch niemand sah deine Spur. *Ps 77,20*

28 Niemand hat Gott je gesehen. *Joh 1,18*

Gottes unsichtbares Wesen, 29
das ist seine ewige Kraft und Gottheit,
wird seit der Schöpfung der Welt ersehen
aus seinen Werken. *Röm 1,20*

Gott, dem ewigen König, dem Unvergänglichen 30
und Unsichtbaren, der allein Gott ist,
sei Ehre und Preis in Ewigkeit! *1.Tim 1,17*

Der Allgegenwärtige

Du bist ein Gott, der mich sieht. *1.Mose 16,13* 31

Du hast acht auf alle meine Pfade 32
und siehst auf die Fußtapfen meiner Füße.
Hiob 13,27

Von allen Seiten umgibst du mich 33
und hältst deine Hand über mir.
Diese Erkenntnis ist mir zu wunderbar und zu hoch;
ich kann sie nicht begreifen. *Ps 139,5–6*

Wohin soll ich gehen vor deinem Geist, 34
und wohin soll ich fliehen vor deinem Angesicht?
Nähme ich Flügel der Morgenröte
und bliebe am äußersten Meer,
so würde auch dort deine Hand mich führen
und deine Rechte mich halten. *Ps 139,7.9–10*

35 Spräche ich: Finsternis möge mich decken
und Nacht statt Licht um mich sein –,
so wäre auch Finsternis nicht finster bei dir,
und die Nacht leuchtete wie der Tag.
Finsternis ist wie das Licht. *Ps 139,11–12*

36 Bin ich nur ein Gott, der nahe ist, spricht der Herr,
und nicht auch ein Gott, der ferne ist?
Meinst du, daß jemand sich so heimlich verbergen könne,
daß ich ihn nicht sehe? spricht der Herr.
Bin ich es nicht, der Himmel und Erde erfüllt?
Jer 23,23–24

37 Fürwahr, er ist nicht fern von einem jeden unter uns.
Denn in ihm leben, weben und sind wir.
Apg 17,27–28

Der Weise

38 Gott ist weise und mächtig;
wem ist's je gelungen, der sich gegen ihn gestellt hat?
Hiob 9,4

39 Bei Gott ist Kraft und Einsicht.
Sein ist, der da irrt und der da irreführt. *Hiob 12,16*

40 Gottes Wege sind vollkommen. *Ps 18,31*

41 Der Herr macht zunichte der Heiden Rat
und wehrt den Gedanken der Völker.
Aber sein Ratschluß bleibt ewiglich. *Ps 33,10–11*

Wie schwer sind für mich, Gott, deine Gedanken! 42
Wie ist ihre Summe so groß!
Wollte ich sie zählen, so wären sie mehr als der Sand:
Am Ende bin ich noch immer bei dir. *Ps 139, 17–18*

Meine Gedanken sind nicht eure Gedanken, 43
und eure Wege sind nicht meine Wege,
spricht der Herr,
sondern soviel der Himmel höher ist als die Erde,
so sind auch meine Wege höher als eure Wege
und meine Gedanken als eure Gedanken.
Jes 55,8–9

Die Weisheit ist gerechtfertigt worden aus ihren Werken. 44
Mt 11,19

Dem Gott, der allein weise ist, sei Ehre 45
durch Jesus Christus in Ewigkeit. *Röm 16,27*

Der Allwissende

Ein Mensch sieht, was vor Augen ist; 46
der Herr aber sieht das Herz an. *1.Sam 16,7*

Gott kennt ja unsres Herzens Grund. *Ps 44,22* 47

Der das Ohr gepflanzt hat, sollte der nicht hören? 48
Der das Auge gemacht hat, sollte der nicht sehen?
Ps 94,9

49 Der Herr kennt die Gedanken der Menschen:
sie sind nur ein Hauch! *Ps 94,11*

50 Herr, du erforschest mich und kennest mich.
Ich sitze oder stehe auf, so weißt du es:
du verstehst meine Gedanken von ferne.
Ich gehe oder liege, so bist du um mich
und siehst alle meine Wege. *Ps 139,1*

51 Unterwelt und Abgrund liegen offen vor dem Herrn,
wieviel mehr die Herzen der Menschen! *Spr 15,11*

52 Es ist ein Gott im Himmel,
der kann Geheimnisse offenbaren. *Dan 2,28*

53 Gott offenbart, was tief und verborgen ist;
er weiß, was in der Finsternis liegt,
denn bei ihm ist lauter Licht. *Dan 2,22*

Der Allmächtige

54 Sollte dem Herrn etwas unmöglich sein? *1.Mose 18,14*

55 Wem ich gnädig bin, dem bin ich gnädig,
und wessen ich mich erbarme, dessen erbarme ich mich.
2.Mose 33,19

Gott kehrt die Wolken, wohin er will, 56
daß sie alles tun, was er gebietet auf dem Erdkreis:
zur Züchtigung für ein Land oder zum Segen
läßt er sie kommen. *Hiob 37,12–13*

Dein ist der Tag und dein ist die Nacht; 57
du hast Gestirn und Sonne die Bahn gegeben.
Ps 74,16

Wenn Menschen wider dich wüten, bringt es dir Ehre; 58
und wenn sie noch mehr wüten,
bist du auch noch gerüstet. *Ps 76,11*

Du bist der Gott, der Wunder tut. *Ps 77,15* 59

Unser Gott ist im Himmel; 60
er kann schaffen, was er will. *Ps 115,3*

In eines Mannes Herzen sind viele Pläne; 61
aber zustande kommt der Ratschluß des Herrn.
Spr 19,21

Sieh an die Werke Gottes; 62
denn wer kann das gerade machen, was er krümmt?
Pred 7,13

Gleichwie du nicht weißt, 63
welchen Weg der Wind nimmt
und wie die Gebeine im Mutterleib bereitet werden,
so kannst du auch Gottes Tun nicht wissen,
der alles wirkt. *Pred 11,5*

64 Der Herr Zebaoth hat's beschlossen – wer will's wehren?
Und seine Hand ist ausgereckt – wer will sie wenden?
Jes 14,27

65 Ich bin, ehe denn ein Tag war,
und niemand ist da, der aus meiner Hand erretten kann.
Ich wirke; wer will's wenden? *Jes 43,13*

66 Der Höchste macht's, wie er will,
mit den Mächten im Himmel
und mit denen, die auf Erden wohnen.
Und niemand kann seiner Hand wehren
noch zu ihm sagen: Was machst du? *Dan 4,32*

67 Bei Gott sind alle Dinge möglich. *Mt 19,26*

68 Er stößt die Gewaltigen vom Thron
und erhebt die Niedrigen. *Lk 1,52*

69 Gott läßt sich nicht von Menschenhänden dienen,
wie einer, der etwas nötig hätte,
da er doch selber jedermann Leben und Odem
und alles gibt. *Apg 17,25*

Der Herrscher

70 Bist du nicht Gott im Himmel
und Herrscher über alle Königreiche der Heiden?
Und in deiner Hand ist Kraft und Macht,
und es ist niemand, der dir zu widerstehen vermag.
2.Chr 20,6

Herr, unser Herrscher, 71
wie herrlich ist dein Name in allen Landen,
der du zeigst deine Hoheit am Himmel! *Ps 8,2*

Er herrscht mit seiner Gewalt ewiglich, 72
seine Augen schauen auf die Völker. *Ps 66,7*

Der Herr ist König – er hat das Recht lieb. *Ps 99,1.4* 73

Der Herr hat seinen Thron im Himmel errichtet, 74
und sein Reich herrscht über alles. *Ps 103,19*

Herrsche mitten unter deinen Feinden! *Ps 110,2* 75

Dein Reich ist ein ewiges Reich, 76
und deine Herrschaft währet für und für. *Ps 145,13*

Der Gerechte

Der Herr ist gerecht und hat Gerechtigkeit lieb. 77
Ps 11,7

Gott ist Richter, 78
der diesen erniedrigt und jenen erhöht. *Ps 75,8*

Wenn du das Urteil lässest hören vom Himmel, 79
erschrickt das Erdreich und wird still. *Ps 76,9*

80 Gerechtigkeit und Gericht sind deines Thrones Stütze,
Gnade und Treue gehen vor dir einher. *Ps 89,15*

81 Die Werke seiner Hände sind Wahrheit und Recht;
alle seine Ordnungen sind beständig. *Ps 111,7*

82 Herr, ich weiß, daß deine Urteile gerecht sind;
in deiner Treue hast du mich gedemütigt. *Ps 119,75*

83 Ich bin der Herr, der das Recht liebt
und das Unrecht haßt. *Jes 61,8*

Der Treue und Barmherzige

84 Gott ist nicht ein Mensch, daß er lüge,
noch ein Menschenkind, daß ihn etwas gereue.
Sollte er etwas sagen und nicht tun?
Sollte er etwas reden und nicht halten?
4.Mose 23,19

85 Treu ist Gott und kein Böses an ihm,
gerecht und wahrhaftig ist er. *5.Mose 32,4*

86 Herr, Gott des Himmels,
du großer und furchtbarer Gott,
der da hält die Treue denen, die ihn lieben
und seine Gebote halten! *Neh 1,5*

87 Laß deine Güte und Treue allewege mich behüten!
Ps 40,12

Herr, deine Treue reicht, so weit die Wolken gehen. 88
Ps 108,5

Deine Barmherzigkeit ist alle Morgen neu, 89
und deine Treue ist groß. *Klgl 3,22–23*

Dich jammert die Staude, 90
um die du dich nicht gemüht hast,
hast sie auch nicht aufgezogen,
die in einer Nacht ward und in einer Nacht verdarb,
und mich sollte nicht jammern Ninive,
eine so große Stadt,
in der mehr als hundertzwanzigtausend Menschen sind,
die nicht wissen, was rechts oder links ist,
dazu auch viele Tiere? *Jona 4,10–11*

Gottes Diener und Boten

Herr, Gott Israels, der du über den Cherubim thronst, 91
du bist allein Gott über alle Königreiche auf Erden,
du hast Himmel und Erde gemacht. *2.Kön 19,15*

Der Engel des Herrn lagert sich um die her, 92
die ihn fürchten, und hilft ihnen heraus. *Ps 34,8*

Lobet den Herrn, ihr seine Engel, 93
ihr starken Helden, die ihr seinen Befehl ausrichtet,
daß man höre auf die Stimme seines Wortes!
Ps 103,20

Gott macht seine Engel zu Winden 94
und seine Diener zu Feuerflammen. *Hebr 1,7*

95 Die Engel sind allesamt dienstbare Geister,
ausgesandt zum Dienst um derer willen,
die das Heil ererben sollen. *Hebr 1,14*

Gottes Schöpfung

Der Weltenschöpfer

96 Am Anfang schuf Gott Himmel und Erde.
1. Mose 1,1

97 Gott sprach: Es werde Licht!
Und es ward Licht. *1. Mose 1,3*

98 Gott sah an alles, was er gemacht hatte,
und siehe, es war sehr gut. *1. Mose 1,31*

99 Die Erde ist des Herrn und was darinnen ist,
der Erdkreis und die darauf wohnen. *Ps 24,1*

100 Himmel und Erde sind dein,
du hast gegründet den Erdkreis und was darinnen ist.
Nord und Süd hast du geschaffen. *Ps 89,12–13*

101 Du hast den Mond gemacht,
das Jahr danach zu teilen. *Ps 104,19*

102 Herr, wie sind deine Werke so groß und viel!
Du hast sie alle weise geordnet,
und die Erde ist voll deiner Güter. *Ps 104,24*

Alles, was Gott tut, das besteht für ewig; 103
man kann nichts dazutun noch wegtun.
Das alles tut Gott, daß man sich vor ihm fürchten soll.
Pred 3,14

Der Herr hat die Erde durch seine Kraft gemacht 104
und den Erdkreis bereitet durch seine Weisheit
und den Himmel ausgebreitet durch seinen Verstand.
Jer 10,12

Der Erhalter

Solange die Erde steht, soll nicht aufhören 105
Saat und Ernte, Frost und Hitze,
Sommer und Winter, Tag und Nacht. *1.Mose 8,22*

Die Erde mag wanken und alle, die darauf wohnen, 106
aber ich halte ihre Säulen fest. *Ps 75,4*

Gott hat den Erdkreis gegründet, daß er nicht wankt. 107
Ps 96,10

Herr, wenn ich an deine ewigen Ordnungen denke, 108
so werde ich getröstet. *Ps 119,52*

Die Menschenschöpfung

Gott schuf den Menschen zu seinem Bilde. *1.Mose 1,27* 109

Gott schuf den Menschen als Mann und Weib. 110
1.Mose 1,27

111 Es ist nicht gut, daß der Mensch allein sei;
ich will ihm eine Gehilfin machen, die um ihn sei.
1.Mose 2,18

112 Gott der Herr nahm den Menschen
und setzte ihn in den Garten Eden,
daß er ihn bebaute und bewahrte. *1.Mose 2,15*

113 Du hast mich aus meiner Mutter Leibe gezogen.
Ps 71,6

114 Deine Augen sahen mich, als ich noch nicht bereitet war,
und alle Tage waren in dein Buch geschrieben,
die noch werden sollten und von denen keiner da war.
Ps 139,16

115 Gott hat aus *einem* Menschen das ganze
Menschengeschlecht gemacht. *Apg 17,26*

Der Sündenfall

116 Weil du gehorcht hast der Stimme deines Weibes
und gegessen hast von dem Baum,
von dem ich dir gebot und sprach:
Du sollst nicht davon essen –,
verflucht sei der Acker um deinetwillen!
Im Schweiße deines Angesichts sollst du dein Brot essen,
bis du wieder zu Erde werdest,
davon du genommen bist. *1.Mose 3,17–19*

117 Gott wies Adam aus dem Garten Eden,
daß er die Erde bebaute, von der er genommen war.
1.Mose 3,23

Gott ließ lagern vor dem Garten Eden die Cherubim 118
mit dem flammenden, blitzenden Schwert,
zu bewachen den Weg zu dem Baum des Lebens.
1. Mose 3,24

Wie durch *einen* Menschen die Sünde in die Welt 119
gekommen ist und der Tod durch die Sünde,
so ist der Tod zu allen Menschen durchgedrungen,
weil sie alle gesündigt haben. *Röm 5,12*

Die Würde des Menschen

Der Geist ist es in den Menschen 120
und der Odem des Allmächtigen,
der sie verständig macht. *Hiob 32,8*

Gott macht uns klüger als die Tiere auf Erden 121
und weiser als die Vögel unter dem Himmel.
Hiob 35,11

Du hast den Menschen wenig niedriger gemacht als Gott, 122
mit Ehre und Herrlichkeit hast du ihn gekrönt.
Du hast ihn zum Herrn gemacht über deiner Hände Werk,
alles hast du unter seine Füße getan. *Ps 8,6–7*

Ich danke dir dafür, daß ich wunderbar gemacht bin; 123
wunderbar sind deine Werke,
das erkennt meine Seele. *Ps 139,14*

124 Gott hat alles schön gemacht zu seiner Zeit,
auch hat er die Ewigkeit in der Menschen Herz gelegt;
nur daß der Mensch nicht ergründen kann
das Werk, das Gott tut,
weder Anfang noch Ende. *Pred 3,11*

Das Verlorensein des Menschen

125 Mein Geist soll nicht immerdar im Menschen walten,
denn auch der Mensch ist Fleisch. *1.Mose 6,3*

126 Das Dichten und Trachten des menschlichen
Herzens ist böse von Jugend auf. *1.Mose 8,21*

127 Der Herr ist hoch und sieht auf den Niedrigen
und kennt den Stolzen von ferne. *Ps 138,6*

128 Ein stolzes Herz ist dem Herrn ein Greuel
und wird gewiß nicht ungestraft bleiben. *Spr 16,5*

129 Wie kehrt ihr alles um!
Als ob der Ton dem Töpfer gleich wäre,
daß das Werk spräche von seinem Meister:
Er hat mich nicht gemacht!
und ein Bildwerk spräche von seinem Bildner:
Er versteht nichts! *Jes 29,16*

130 Es ist das Herz ein trotzig und verzagt Ding;
wer kann es ergründen? *Jer 17,9*

Wer stolz ist, den kann der König des Himmels 131
demütigen. *Dan 4,34*

Die Bestimmung des Menschen

Frage die früheren Geschlechter 132
und merke auf das, was ihre Väter erforscht haben,
denn wir sind von gestern her und wissen nichts;
unsere Tage sind ein Schatten auf Erden. *Hiob 8,8–9*

Der Herr schaut vom Himmel auf die Menschenkinder, 133
daß er sehe, ob jemand klug sei und nach Gott frage.
Ps 14,2

Wenn ich nur dich habe, 134
so frage ich nichts nach Himmel und Erde. *Ps 73,25*

Wenn er den Tod unter sie brachte, suchten sie Gott 135
und fragten wieder nach ihm
und dachten daran, daß Gott ihr Hort ist
und Gott, der Höchste, ihr Erlöser. *Ps 78,34–35*

Der Herr hat keine Freude an der Stärke des Rosses 136
und kein Gefallen an den Schenkeln des Mannes.
Der Herr hat Gefallen an denen, die ihn fürchten.
Ps 147,10–11

137 Ein Weiser rühme sich nicht seiner Weisheit,
ein Starker rühme sich nicht seiner Stärke,
ein Reicher rühme sich nicht seines Reichtums.
Sondern wer sich rühmen will, der rühme sich dessen,
daß er klug sei und mich kenne,
daß ich der Herr bin, der Barmherzigkeit,
Recht und Gerechtigkeit übt auf Erden.
Jer 9,22–23

138 Es ist dir gesagt, Mensch, was gut ist
und was der Herr von dir fordert,
nämlich Gottes Wort halten und Liebe üben
und demütig sein vor deinem Gott. *Mi 6,8*

Gottes Fürsorge für den Menschen

139 Was ist der Mensch, daß du ihn groß achtest
und dich um ihn bekümmerst? *Hiob 7,17*

140 Leben und Wohltat hast du an mir getan,
und deine Obhut hat meinen Odem bewahrt.
Hiob 10,12

141 Wenn ich sehe die Himmel, deiner Finger Werk,
den Mond und die Sterne, die du bereitet hast:
Was ist der Mensch, daß du seiner gedenkst,
und des Menschen Kind, daß du dich seiner annimmst?
Ps 8,4–5

142 Herr, du hilfst Menschen und Tieren. *Ps 36,7*

Wie köstlich ist deine Güte, Gott, 143
daß Menschenkinder unter dem Schatten deiner Flügel
Zuflucht haben! *Ps 36,8*

Aller Augen warten auf dich, 144
und du gibst ihnen ihre Speise zur rechten Zeit.
Du tust deine Hand auf
und sättigst alles, was lebt, nach deinem Wohlgefallen.
Ps 145,15–16

Gottes auserwähltes Volk Israel

Israels Erwählung und Berufung

145 Der Herr sprach zu Abram:
Geh aus deinem Vaterland
und von deiner Verwandtschaft
und aus deines Vaters Hause in ein Land,
das ich dir zeigen will.
Und ich will dich zum großen Volk machen
und will dich segnen
und dir einen großen Namen machen,
und du sollst ein Segen sein. *1.Mose 12,1–2*

146 Ich will segnen, die dich segnen,
und verfluchen, die dich verfluchen;
und in dir sollen gesegnet werden
alle Geschlechter auf Erden. *1.Mose 12,3*

147 Das Land, das du siehst,
will ich dir und deinen Nachkommen geben
für alle Zeit. *1.Mose 13,15*

Ich will aufrichten meinen Bund zwischen mir und dir 148
und deinen Nachkommen von Geschlecht zu Geschlecht,
daß es ein ewiger Bund sei,
so daß ich dein und deiner Nachkommen Gott bin.
1.Mose 17,7

Ich will dir und deinem Geschlecht nach dir 149
das Land geben, darin du ein Fremdling bist,
das ganze Land Kanaan, zu ewigem Besitz.
1.Mose 17,8

Ich bin der Herr, dein Arzt. *2.Mose 15,26* 150

Werdet ihr meiner Stimme gehorchen 151
und meinen Bund halten,
so sollt ihr mein Eigentum sein vor allen Völkern;
denn die ganze Erde ist mein. *2.Mose 19,5*

Ihr sollt mir ein Königreich von Priestern 152
und ein heiliges Volk sein. *2.Mose 19,6*

Sage Aaron und seinen Söhnen und sprich: 153
So sollt ihr sagen zu den Israeliten,
wenn ihr sie segnet:
Der Herr segne dich und behüte dich;
der Herr lasse sein Angesicht leuchten über dir
und sei dir gnädig;
der Herr hebe sein Angesicht über dich
und gebe dir Frieden. *4.Mose 6,24–26*

154 Der Herr, dein Gott, ist ein barmherziger Gott;
er wird dich nicht verlassen noch verderben,
wird auch den Bund nicht vergessen,
den er deinen Vätern geschworen hat. *5. Mose 4,31*

155 Nicht hat euch der Herr angenommen
und euch erwählt,
weil ihr größer wäret als alle Völker
– denn du bist das kleinste unter allen Völkern –,
sondern weil er euch geliebt hat. *5. Mose 7,7*

156 Es wird zur letzten Zeit der Berg, da des Herrn Haus ist,
fest stehen, höher als alle Berge
und über alle Hügel erhaben,
und alle Heiden werden herzulaufen,
und viele Völker werden hingehen und sagen:
Kommt, laßt uns auf den Berg des Herrn gehen,
zum Hause des Gottes Jakobs,
daß er uns lehre seine Wege
und wir wandeln auf seinen Steigen!
Denn von Zion wird Weisung ausgehen
und des Herrn Wort von Jerusalem.
Und er wird richten unter den Heiden
und zurechtweisen viele Völker.
Da werden sie ihre Schwerter zu Pflugscharen
und ihre Spieße zu Sicheln machen.
Denn es wird kein Volk wider das andere
das Schwert erheben,
und sie werden hinfort nicht mehr lernen,
Krieg zu führen. *Jes 2,2–4*

Die Heiden werden zu deinem Licht ziehen *157*
und die Könige zum Glanz, der über dir aufgeht.
Jes 60,3

Siehe, es kommt die Zeit, spricht der Herr, *158*
da will ich mit dem Hause Israel
und mit dem Hause Juda einen neuen Bund schließen.
Ich will mein Gesetz in ihr Herz geben
und in ihren Sinn schreiben,
und sie sollen mein Volk sein,
und ich will ihr Gott sein. *Jer 31,31–33*

Es soll die Herrlichkeit dieses neuen Hauses *159*
größer werden, als die des ersten gewesen ist.
Hag 2,9

Zu der Zeit werden zehn Männer *160*
aus allen Sprachen der Heiden
einen jüdischen Mann beim Zipfel seines Gewandes
ergreifen und sagen: Wir wollen mit euch gehen,
denn wir hören, daß Gott mit euch ist. *Sach 8,23*

Ich habe euch lieb, spricht der Herr. *Mal 1,2* *161*

Gleichnis vom Feigenbaum *Lk 13,6–9* *162*

Wenn schon Israels Verwerfung *163*
die Versöhnung der Welt ist,
was wird ihre Annahme anderes sein
als Leben aus den Toten! *Röm 11,15*

164 Verstockung ist einem Teil Israels widerfahren,
so lange, bis die Fülle der Heiden
zum Heil gelangt ist. *Röm 11,25*

165 Ganz Israel wird gerettet werden. *Röm 11,26*

166 Gottes Gaben und Berufung können ihn
nicht gereuen. *Röm 11,29*

Die Zehn Gebote (Reformierte Zählung)

Erstes Gebot

167 Ich bin der Herr, dein Gott.
Du sollst keine anderen Götter neben mir haben.
2.Mose 20,2–3

168 Der Herr, dein Gott, ist ein verzehrendes Feuer
und ein eifernder Gott. *5.Mose 4,24*

169 Du sollst den Herrn, deinen Gott, liebhaben
von ganzem Herzen, von ganzer Seele
und mit all deiner Kraft. *5.Mose 6,5*

170 Wie lange hinket ihr auf beiden Seiten?
Ist der Herr Gott, so wandelt ihm nach. *1.Kön 18,21*

171 Die Toren sprechen in ihrem Herzen:
Es ist kein Gott. *Ps 4,1*

Du bist ja der Herr! 172
Ich weiß von keinem Gut außer dir. *Ps 16,2*

Wenn wir den Namen unsres Gottes vergessen hätten 173
und unsre Hände aufgehoben zum fremden Gott:
würde das Gott nicht erforschen?
Er kennt ja unsres Herzens Grund. *Ps 44,21–22*

Verlaß dich auf den Herrn von ganzem Herzen 174
und verlaß dich nicht auf deinen Verstand,
sondern gedenke an ihn in allen deinen Wegen,
so wird er dich recht führen. *Spr 3,5–6*

Ein Sohn soll seinen Vater ehren 175
und ein Knecht seinen Herrn.
Bin ich nun Vater, wo ist meine Ehre?
Bin ich Herr, wo fürchtet man mich? *Mal 1,6*

Du sollst den Herrn, deinen Gott, nicht versuchen. 176
Mt 4,7

Zweites Gebot

Du sollst dir kein Bildnis 177
noch irgendein Gleichnis machen.
Bete andere Götter neben mir nicht an
und diene ihnen nicht. *2.Mose 20,4–5*

178 Wenn sie zu euch sagen:
Ihr müßt die Totengeister und Beschwörer befragen,
die da flüstern und murmeln,
so sprecht: Soll nicht ein Volk seinen Gott befragen?
Jes 8,19

179 Du hast dich müde gemacht mit der Menge deiner Pläne.
Es sollen hertreten und dir helfen
die Meister des Himmelslaufs und die Sterngucker,
die an jedem Neumond kundtun,
was über dich kommen werde!
Siehe, sie sind wie Stoppeln, die das Feuer verbrennt.
Jes 47,13–14

180 Ihr sollt euch nicht fürchten vor den Zeichen des Himmels,
wie die Heiden sich fürchten. *Jer 10,2*

181 Weh dem, der zum Holz spricht: »Wach auf!«
und zum stummen Steine: »Steh auf!«
Wie sollte ein Götze lehren können? *Hab 2,19*

182 Du sollst anbeten den Herrn, deinen Gott,
und ihm allein dienen. *Mt 4,10*

Drittes Gebot

183 Du sollst den Namen des Herrn, deines Gottes,
nicht mißbrauchen;
denn der Herr wird den nicht ungestraft lassen,
der seinen Namen mißbraucht. *2.Mose 20,7*

Ihr sollt nicht falsch schwören bei meinem Namen 184
und den Namen eures Gottes nicht entheiligen;
ich bin der Herr. *3.Mose 19,12*

Was habe ich hier zu schaffen? spricht der Herr. 185
Mein Volk ist umsonst weggeführt;
seine Tyrannen prahlen,
und mein Name wird immer den ganzen Tag gelästert.
Jes 52,5

Dein Name werde geheiligt. *Mt 6,9* 186

Es werden nicht alle, die zu mir sagen: 187
Herr! Herr!, in das Himmelreich kommen,
sondern die den Willen tun meines Vaters im Himmel.
Mt 7,21

Viertes Gebot
Gedenke des Sabbattages, daß du ihn heiligest. 188
2.Mose 20,8

Wenn du deinen Fuß am Sabbat zurückhältst 189
und nicht deinen Geschäften nachgehst
und kein leeres Geschwätz redest,
dann wirst du deine Lust haben am Herrn.
Jes 58,13–14

Heiligt den Sabbattag, wie ich euren Vätern 190
geboten habe. *Jer 17,22*

Der Sabbat ist um des Menschen willen gemacht 191
und nicht der Mensch um des Sabbats willen. *Mk 2,27*

Fünftes Gebot

192 Du sollst deinen Vater und deine Mutter ehren,
auf daß du lange lebest in dem Lande,
das dir der Herr, dein Gott, geben wird.
2.Mose 20,12

193 Mein Sohn, gehorche der Zucht deines Vaters
und verlaß nicht das Gebot deiner Mutter;
denn das ist ein schöner Schmuck für dein Haupt
und eine Kette an deinem Halse. *Spr 1,8–9*

194 Gehorche deinem Vater, der dich gezeugt hat,
und verachte deine Mutter nicht,
wenn sie alt wird. *Spr 23,22*

195 Ein Auge, das den Vater verspottet,
und verachtet, der Mutter zu gehorchen,
das müssen die Raben am Bach aushacken
und die jungen Adler fressen. *Spr 30,17*

Sechstes Gebot

196 Du sollst nicht töten. *2.Mose 20,13*

197 Die Stimme des Blutes deines Bruders schreit zu mir
von der Erde. *1.Mose 4,10*

198 Ich will des Menschen Leben fordern von
einem jeden Menschen. *1.Mose 9,5*

Wer Menschenblut vergießt, dessen Blut 199
soll auch durch Menschen vergossen werden;
denn Gott hat den Menschen zu seinem Bilde gemacht.
1.Mose 9,6

Wer das Schwert nimmt, 200
der soll durchs Schwert umkommen. *Mt 26,52*

Siebtes Gebot

Du sollst nicht ehebrechen. *2.Mose 20,14* 201

Du sollst nicht bei der Frau deines Nächsten liegen. 202
3.Mose 18,20

Die Lippen der fremden Frau sind süß wie Honigseim, 203
und ihre Kehle ist glatter als Öl,
hernach aber ist sie bitter wie Wermut
und scharf wie ein zweischneidiges Schwert.
Spr 5,3–4

So ist der Weg der Ehebrecherin: sie verschlingt 204
und wischt sich den Mund und spricht:
Ich habe nichts Böses getan. *Spr 30,20*

Ihr bedeckt den Altar des Herrn mit Tränen 205
und Weinen und Seufzen;
aber er mag das Opfer nicht mehr ansehen
noch etwas Angenehmes von euren Händen empfangen.
Ihr aber sprecht: Warum das?
Weil der Herr Zeuge war zwischen dir
und dem Weib deiner Jugend,
dem du treulos geworden bist,

obwohl sie doch deine Gefährtin und die Frau ist,
mit der du einen Bund geschlossen hast.
Nicht einer hat das getan, in dem noch ein Rest
von Geist war.
Darum so seht euch vor in eurem Geist,
und werde keiner treulos dem Weib seiner Jugend.
Brecht nicht die Treue! *Mal 2,13–16*

206 Was Gott zusammengefügt hat,
das soll der Mensch nicht scheiden! *Mt 19,6*

207 Wer sich von seiner Frau scheidet,
es sei denn wegen Ehebruchs,
und heiratet eine andere, der bricht die Ehe. *Mt 19,9*

Achtes Gebot

208 Du sollst nicht stehlen. *2.Mose 20,15*

209 Ihr sollt nicht betrügerisch handeln einer
mit dem andern. *3.Mose 19,11*

210 Das gestohlene Brot schmeckt dem Manne gut;
aber am Ende hat er den Mund voller Kieselsteine.
Spr 20,17

211 Wer mit Dieben gemeinsame Sache macht,
haßt sein Leben. *Spr 29,24*

Neuntes Gebot

Du sollst nicht falsch Zeugnis reden wider deinen Nächsten. *2. Mose 20,16* *212*

Du sollst kein falsches Gerücht verbreiten. *2. Mose 23,1* *213*

Dem Herrn sind die Falschen ein Greuel. *Ps 5,7* *214*

215
Du sitzest und redest wider deinen Bruder;
deiner Mutter Sohn verleumdest du.
Das tust du, und ich schweige;
da meinst du, ich sei so wie du.
Aber ich will dich zurechtweisen
und es dir vor Augen stellen. *Ps 50,20–21*

216
Keiner ersinne Arges in seinem Herzen
gegen seinen Nächsten,
und liebt nicht falsche Eide;
denn das alles hasse ich, spricht der Herr. *Sach 8,17*

Zehntes Gebot

Du sollst nicht begehren deines Nächsten Haus. *2. Mose 20,17* *217*

Du sollst nicht begehren deines Nächsten Weib, Knecht, Magd, Rind, Esel noch alles, was dein Nächster hat. *2. Mose 20,17* *218*

219 Neige mein Herz zu deinen Mahnungen
und nicht zur Habsucht. *Ps 119,36*

220 Das Gebot ist eine Leuchte, auf daß du bewahrt
werdest vor der Frau deines Nächsten.
Laß dich nach ihrer Schönheit nicht gelüsten!
Spr 6,23–25

221 Weh denen, die Schaden zu tun trachten
und gehen mit bösen Gedanken um,
daß sie es vollbringen, weil sie die Macht haben!
Sie reißen Äcker an sich und nehmen Häuser,
wie sie's gelüstet. *Micha 2,1–2*

222 Wer eine Frau ansieht, sie zu begehren,
der hat schon mit ihr die Ehe gebrochen
in seinem Herzen. *Mt 5,28*

Weisungen Gottes für sein Volk

Nächstenliebe

223 Die Fremdlinge sollst du nicht bedrängen
und bedrücken; denn ihr seid auch Fremdlinge
in Ägyptenland gewesen.
2.Mose 22,20

224 Ihr sollt Witwen und Waisen nicht bedrücken.
2.Mose 22,21

225 Du sollst deinen Nächsten lieben wie dich selbst.
3.Mose 19,18

Hungert deinen Feind, so speise ihn mit Brot, 226
dürstet ihn, so tränke ihn mit Wasser,
denn du wirst feurige Kohlen auf sein Haupt häufen,
und der Herr wird dir's vergelten. *Spr 25,21–22*

Das ist ein Fasten, an dem ich Gefallen habe: 227
Laß los, die du mit Unrecht gebunden hast,
laß ledig, auf die du das Joch gelegt hast!
Gib frei, die du bedrückst,
reiß jedes Joch weg! *Jes 58,6*

Brich dem Hungrigen dein Brot, 228
und die im Elend ohne Obdach sind, führe ins Haus!
Wenn du einen nackt siehst, so kleide ihn. *Jes 58,7*

Bessert euer Leben und euer Tun, 229
daß ihr recht handelt einer gegen den andern
und keine Gewalt übt gegen Fremdlinge,
Waisen und Witwen. *Jer 7,5–6*

Denke keiner gegen seinen Bruder etwas Arges 230
in seinem Herzen! *Sach 7,10*

Haben wir nicht alle *einen Vater?* 231
Hat uns nicht *ein* Gott geschaffen?
Warum verachten wir denn einer den andern?
Mal 2,10

Gerechtigkeit

232 Du sollst dich nicht durch Geschenke bestechen lassen;
denn Geschenke machen blind
und verdrehen die Sache derer,
die im Recht sind. *2.Mose 23,8*

233 Gott ist noch Richter auf Erden. *Ps 58,12*

234 Recht und Gerechtigkeit tun ist dem Herrn
lieber als Opfer. *Spr 21,3*

235 Lernet Gutes tun, trachtet nach Recht,
helft den Unterdrückten,
schaffet den Waisen Recht,
führet der Witwen Sache! *Jes 1,17*

236 Des Herrn Zebaoth Weinberg ist das Haus Israel
und die Männer Judas seine Pflanzung,
an der sein Herz hing.
Er wartete auf Rechtsspruch,
siehe, da war Rechtsbruch,
auf Gerechtigkeit,
siehe, da war Geschrei über Schlechtigkeit. *Jes 5,7*

237 Der Gerechtigkeit Frucht wird Friede sein. *Jes 32,17*

Das Recht ist zurückgewichen, 238
und die Gerechtigkeit hat sich entfernt;
denn die Wahrheit ist auf der Gasse zu Fall gekommen,
und die Aufrichtigkeit findet keinen Eingang.
Jes 59,14

Säet Gerechtigkeit und erntet nach dem Maße der Liebe! 239
Hos 10,12

Ich bin euren Feiertagen gram und verachte sie 240
und mag eure Versammlungen nicht riechen.
Tu weg von mir das Geplärr deiner Lieder;
denn ich mag dein Harfenspiel nicht hören!
Es ströme aber das Recht wie Wasser
und die Gerechtigkeit wie ein nie versiegender Bach.
Am 5,21.23–24

Suchet Gerechtigkeit, suchet Demut! 241
Vielleicht könnt ihr euch bergen am Tage
des Zorns des Herrn! *Zef 2,3*

Warnung vor Mißbrauch der Sexualität

Keiner unter euch soll sich irgendwelchen 242
Blutsverwandten nahen,
um mit ihnen geschlechtlichen Umgang zu haben.
3. Mose 18,6

Du sollst nicht bei einem Mann liegen wie bei einer Frau; 243
es ist ein Greuel. *3. Mose 18,22*

Du sollst bei keinem Tier liegen, 244
daß du an ihm unrein werdest. *3. Mose 18,23*

245 Gott hat die Menschen dahingegeben in
schändliche Leidenschaften;
denn ihre Frauen haben den natürlichen Verkehr
vertauscht mit dem widernatürlichen;
desgleichen haben auch die Männer
den natürlichen Verkehr mit der Frau verlassen
und sind in Begierde zueinander entbrannt
und haben Mann mit Mann Schande getrieben
und den Lohn ihrer Verirrung, wie es ja sein mußte,
an sich selbst empfangen. *Röm 1,26–27*

Gottesbeziehung und Gotteserfahrung im Alten Bund

Der Weg des Gottlosen

Du sollst der Menge nicht auf dem Weg zum Bösen 246
folgen. *2. Mose 23,2*

Wohl dem, der nicht wandelt im Rat der Gottlosen 247
noch tritt auf den Weg der Sünder! *Ps 1,1*

Wenn du, Herr, den Menschen züchtigst 248
um der Sünde willen,
so verzehrst du seine Schönheit
wie Motten ein Kleid. *Ps 39,12*

Wie Wachs zerschmilzt vor dem Feuer, 249
so kommen die Gottlosen um vor Gott. *Ps 68,3*

Was die Gottlosen reden, 250
das soll vom Himmel herab geredet sein;
was sie sagen,
das soll gelten auf Erden. *Ps 73,9*

251 Wie ein Traum verschmäht wird, wenn man erwacht,
so verschmähst du, Herr, der Gottlosen Bild,
wenn du dich erhebst. *Ps 73,20*

252 Der Herr hat einen Becher in der Hand,
mit starkem Wein voll eingeschenkt,
und die Gottlosen auf Erden müssen alle trinken
und sogar die Hefe schlürfen. *Ps 75,9*

253 Ich habe sie dahingegeben in die Verstocktheit
ihres Herzens,
daß sie wandeln nach eigenem Rat. *Ps 81,13*

254 Sie lassen sich nichts sagen und sehen nichts ein,
sie tappen im Finstern.
Darum wanken alle Grundfesten der Erde. *Ps 82,5*

255 Der Gottlosen Gewalt rafft sie selber weg. *Spr 21,7*

256 Mein Volk tut eine zwiefache Sünde:
mich, die lebendige Quelle, verlassen sie
und machen sich Zisternen, die doch rissig sind
und kein Wasser geben. *Jer 2,13*

257 Kann etwa ein Mohr seine Haut wandeln
oder ein Panther seine Flecken?
So wenig könnt auch ihr Gutes tun,
die ihr ans Böse gewöhnt seid. *Jer 13,23*

Verflucht ist der Mann, der sich auf Menschen verläßt 258
und hält Fleisch für seinen Arm
und weicht mit seinem Herzen vom Herrn. *Jer 17,5*

Ihr sollt einer mit dem andern reden 259
und zueinander sagen: »Was antwortet der Herr?«
und: »Was sagt der Herr?«
Aber jedem wird sein eigenes Wort zur Last werden,
weil ihr die Worte des lebendigen Gottes verdreht.
Jer 23,35–36

Wenn ich dem Gottlosen sage: 260
Du mußt des Todes sterben!
und du warnst ihn nicht und sagst es ihm nicht,
um den Gottlosen vor seinem gottlosen Weg zu warnen,
damit er am Leben bleibe,
– so wird der Gottlose um seiner Sünde willen sterben,
aber sein Blut will ich von deiner Hand fordern.
Hes 3,18

Eure Liebe ist wie eine Wolke am Morgen 261
und wie der Tau, der frühmorgens vergeht.
Hos 6,4

Die sich halten an das Nichtige, verlassen ihre Gnade. 262
Jona 2,9

Was habe ich dir getan, mein Volk, 263
und womit habe ich dich beschwert?
Das sage mir! *Mi 6,3*

264 Die Chaldäer machen ihre Kraft zu ihrem Gott.
Hab 1,11

265 Ihr macht den Herrn unwillig durch euer Reden,
dadurch, daß ihr sprecht: »Wo ist der Gott,
der da straft?« *Mal 2,17*

Das Leben des Gerechten

Bindung an Gottes Wort

266 Ihr sollt nichts dazutun zu dem, was ich euch gebiete,
und sollt auch nichts davontun,
daß ihr bewahrt die Gebote des Herrn, eures Gottes.
5.Mose 4,2

267 Wo ist ein so großes Volk, das so gerechte
Ordnungen und Gebote hat? *5.Mose 4,8*

268 Was verborgen ist, ist des Herrn, unseres Gottes;
was aber offenbart ist, das gilt uns
und unsern Kindern ewiglich,
daß wir tun sollen alle Worte dieses Gesetzes.
5.Mose 29,28

269 Es ist das Wort ganz nahe bei dir,
in deinem Munde und in deinem Herzen,
daß du es tust. *5.Mose 30,14*

270 Es ist nicht ein leeres Wort an euch,
sondern es ist euer Leben. *5.Mose 32,47*

Rede, denn dein Knecht hört. *1.Sam 3,10* *271*

Wohl dem, der Lust hat am Gesetz des Herrn *272*
und sinnt über seinem Gesetz Tag und Nacht! *Ps 1,2*

Die Worte des Herrn sind lauter wie Silber, *273*
im Tiegel geschmolzen, geläutert siebenmal. *Ps 12,7*

Im Treiben der Menschen bewahre ich mich *274*
vor gewaltsamen Wegen
durch das Wort deiner Lippen. *Ps 17,4*

Schlachtopfer und Speisopfer gefallen dir nicht, *275*
aber die Ohren hast du mir aufgetan. *Ps 40,7*

Was wir gehört haben und wissen *276*
und unsre Väter uns erzählt haben,
das wollen wir nicht verschweigen ihren Kindern;
wir verkündigen dem kommenden Geschlecht
den Ruhm des Herrn und seine Macht
und seine Wunder, die er getan hat. *Ps 78,4*

Öffne mir die Augen, *277*
daß ich sehe die Wunder an deinem Gesetz. *Ps 119,18*

Ich bin ein Gast auf Erden; *278*
verbirg deine Gebote nicht vor mir. *Ps 119,19*

279 Ich rede von deinen Zeugnissen vor Königen
und schäme mich nicht. *Ps 119,46*

280 Wenn dein Gesetz nicht mein Trost gewesen wäre,
so wäre ich vergangen in meinem Elend.
Ps 119,92

281 Ich habe gesehen, daß alles ein Ende hat,
aber dein Gebot bleibt bestehen. *Ps 119,96*

282 Ich bin klüger als die Alten;
denn ich halte mich an deine Befehle. *Ps 119,100*

283 Es ist Zeit, daß der Herr handelt;
sie haben dein Gesetz zerbrochen. *Ps 119,126*

284 Laß meinen Gang in deinem Wort fest sein
und laß kein Unrecht über mich herrschen.
Ps 119,133

285 Ich komme in der Frühe und rufe um Hilfe;
auf dein Wort hoffe ich. *Ps 119,147*

286 Ich wache auf, wenn's noch Nacht ist,
nachzusinnen über dein Wort. *Ps 119,148*

287 Längst weiß ich aus deinen Mahnungen,
daß du sie für ewig gegründet hast. *Ps 119,152*

Ich freue mich über dein Wort 288
wie einer, der große Beute macht. *Ps 119,162*

Ich denke an die früheren Zeiten; 289
ich sinne nach über all deine Taten
und spreche von den Werken deiner Hände. *Ps 143,5*

Alles Fleisch ist Gras, 290
und alle seine Güte ist wie eine Blume auf dem Felde.
Das Gras verdorrt, die Blume verwelkt,
aber das Wort unsres Gottes bleibt ewiglich. *Jes 40,6.8*

Dein Wort ward meine Speise, sooft ich's empfing, 291
und dein Wort ist meines Herzens Freude und Trost.
Jer 15,16

O Land, Land, Land, höre des Herrn Wort! *Jer 22,29* 292

Ist mein Wort nicht wie ein Feuer, spricht der Herr, 293
und wie ein Hammer, der Felsen zerschmeißt?
Jer 23,29

Herr, ich habe die Kunde von dir gehört, 294
ich habe dein Werk gesehen, Herr!
mache es lebendig in naher Zeit,
und laß es kundwerden in naher Zeit! *Hab 3,2*

Sündenerkenntnis und Sündenbekenntnis

295 Herr, ich bin zu gering aller Barmherzigkeit
und aller Treue, die du an deinem Knecht
getan hast. *1. Mose 32,11*

296 Wie sollte ich denn nun ein solch großes
Übel tun und gegen Gott sündigen? *1. Mose 39,9*

297 Wer reine Hände hat, nimmt an Stärke zu. *Hiob 17,9*

298 Du prüfst mein Herz
und suchst es heim bei Nacht. *Ps 17,3*

299 Wer kann merken, wie oft er fehlet?
Verzeihe mir die verborgenen Sünden! *Ps 19,13*

300 Deine Hand lag Tag und Nacht auf mir,
daß mein Saft vertrocknete.
Darum bekannte ich dir meine Sünde,
und meine Schuld verhehlte ich nicht. *Ps 32,4–5*

301 Gott, sei mir gnädig nach deiner Güte,
und tilge meine Sünden nach deiner großen
Barmherzigkeit.
Wasche mich rein von meiner Missetat,
und reinige mich von meiner Sünde;
denn ich erkenne meine Missetat,
und meine Sünde ist immer vor mir. *Ps 51, 3–5*

Siehe, ich bin als Sünder geboren, 302
und meine Mutter hat mich in Sünden empfangen.
Ps 51,7

Schaffe in mir, Gott, ein reines Herz, 303
und gib mir einen neuen, beständigen Geist.
Verwirf mich nicht von deinem Angesicht
und nimm deinen heiligen Geist nicht von mir.
Ps 51, 12–13

Die Opfer, die Gott gefallen, sind ein geängsteter Geist, 304
ein geängstetes, zerschlagenes Herz wirst du,
Gott, nicht verachten. *Ps 51,19*

Unsre unerkannte Sünde stellst du ins Licht 305
vor deinem Angesicht.
Darum fahren alle unsre Tage dahin durch deinen Zorn,
wir bringen unsre Jahre zu wie ein Geschwätz.
Ps 90, 8–9

Geh nicht ins Gericht mit deinem Knecht; 306
denn vor dir ist kein Lebendiger gerecht. *Ps 143,2*

Einen jeglichen dünken seine Wege rein; 307
aber der Herr prüft die Geister. *Spr 16,2*

Ein Gerechter fällt siebenmal und steht wieder auf, 308
aber die Gottlosen versinken im Unglück.
Spr 24,16

309 Gott wird richten den Gerechten und den Gottlosen;
denn alles Vorhaben und alles Tun hat seine Zeit.
Pred 3,17

310 Wir warten auf dich, Herr,
auch auf dem Wege deiner Gerichte. *Jes 26,8*

311 Ich habe Lust an der Liebe und nicht am Opfer,
an der Erkenntnis Gottes und nicht am Brandopfer.
Hos 6,6

312 Sie bekehren sich, aber nicht recht,
sondern sind wie ein schlaffer Bogen. *Hos 7,16*

313 Pflüget ein Neues, solange es Zeit ist,
den Herrn zu suchen! *Hos 10,12*

314 Zerreißet eure Herzen und nicht eure Kleider
und bekehret euch zu dem Herrn, eurem Gott!
Joel 2,13

315 Bereite dich und begegne deinem Gott! *Am 4,12*

316 Als ihr fastetet und Leid trugt diese siebzig Jahre lang,
habt ihr da für mich gefastet?
Und wenn ihr eßt und trinkt,
eßt und trinkt ihr da nicht für euch selbst?
Sach 7,5–6

Sündenvergebung

Herr, Herr, Gott, barmherzig und gnädig *317*
und geduldig und von großer Gnade und Treue,
der da Tausenden Gnade bewahrt
und vergibt Missetat, Übertretung und Sünde,
aber ungestraft läßt er niemand. *2.Mose 34,6–7*

Wenn mein Volk sich demütigt, *318*
daß sie beten und mein Angesicht suchen
und sich von ihren bösen Wegen bekehren,
so will ich vom Himmel her hören
und ihre Sünde vergeben
und ihr Land heilen. *2.Chr 7,14*

Wohl dem, dem die Übertretungen vergeben sind, *319*
dem die Sünde bedeckt ist!
Wohl dem Menschen,
dem der Herr die Schuld nicht zurechnet,
in dessen Geist kein Trug ist! *Ps 32,1–2*

Vergiß nicht, was er dir Gutes getan hat: *320*
der dir alle deine Sünde vergibt
und heilet alle deine Gebrechen. *Ps 103, 2–3*

Bei dir ist die Vergebung, *321*
daß man dich fürchte. *Ps 130,4*

Wo ist solch ein Gott, wie du bist, *322*
der die Sünde vergibt! *Mi 7,18*

323 Der Herr, dein Gott, ist bei dir,
ein starker Heiland.
Er wird sich über dich freuen
und dir freundlich sein,
er wird dir vergeben in seiner Liebe. *Zef 3,17*

Frömmigkeit

324 Ich bin der allmächtige Gott;
wandle vor mir und sei fromm. *1.Mose 17,1*

325 Ich und mein Haus wollen dem Herrn dienen.
Jos 24,15

326 Wer mich ehrt, den will ich auch ehren;
wer aber mich verachtet,
der soll wieder verachtet werden. *1.Sam 2,30*

327 Des Herrn Augen schauen alle Lande,
daß er stärke, die mit ganzem Herzen bei ihm sind.
2.Chr 16,9

328 Jene verlassen sich auf Wagen und Rosse;
wir aber denken an den Namen des Herrn,
unsres Gottes. *Ps 20,8*

329 Wenn ich mich zu Bette lege, denke ich an dich,
wenn ich wach liege, sinne ich über dich nach.
Ps 63,7

Meine Augen sehen nach den Treuen im Lande, 330
daß sie bei mir wohnen;
ich habe gern fromme Diener. *Ps 101,6*

Siehe, wie die Augen der Knechte auf die Hände 331
ihrer Herren sehen,
wie die Augen der Magd auf die Hände ihrer Frau,
so sehen unsere Augen auf den Herrn, unsern Gott,
bis er uns gnädig werde. *Ps 123,2*

Behüte dein Herz mit allem Fleiß, 332
denn daraus quillt das Leben. *Spr 4,23*

Dein Herz sei nicht neidisch auf den Sünder, 333
sondern trachte täglich nach der Furcht des Herrn.
Spr 23,17

Wenn ihr mich von ganzem Herzen suchen werdet, 334
so will ich mich von euch finden lassen,
spricht der Herr. *Jer 29, 13–14*

Suchet mich, so werdet ihr leben. *Am 5,4* 335

Freude am Herrn

Die den Herrn liebhaben, sollen sein, 336
wie die Sonne aufgeht in ihrer Pracht! *Ri 5,31*

Die Freude am Herrn ist eure Stärke. *Neh 8,10* 337

338 Du erfreust mein Herz,
ob jene auch viel Wein und Korn haben. *Ps 4,8*

339 Mein Herz freut sich, daß du so gerne hilfst.
Ps 13,6

340 Du hast mir den Sack der Trauer ausgezogen
und mich mit Freude gegürtet. *Ps 30,12*

341 Du machst fröhlich, was da lebet im Osten
wie im Westen. *Ps 65,9*

342 Laß deiner sich freuen und fröhlich sein
alle, die nach dir fragen! *Ps 70,5*

343 Meine Lippen und meine Seele, die du erlöst hast,
sollen fröhlich sein und dir lobsingen. *Ps 71,23*

344 Singet fröhlich Gott, der unsre Stärke ist! *Ps 81,2*

345 Mein Leib und Seele freuen sich in dem
lebendigen Gott. *Ps 84,3*

346 Wohl dem Volk, das jauchzen kann! *Ps 89,16*

347 Herr, du lässest mich fröhlich singen von
deinen Werken. *Ps 92,5*

Dienet dem Herrn mit Freuden! *Ps 100,2* 348

Lobe den Herrn, der deinen Mund fröhlich macht, 349
und du wieder jung wirst wie ein Adler. *Ps 103, 1.5*

Ich will mich freuen des Herrn 350
und fröhlich sein in Gott, meinem Heil. *Hab 3,18*

Anfechtung und Bewährung

Ihr gedachtet es böse mit mir zu machen, 351
aber Gott gedachte es gut zu machen. *1.Mose 50,20*

Der Herr hat's gegeben, 352
der Herr hat's genommen,
der Name des Herrn sei gelobt! *Hiob 1,21*

Haben wir Gutes empfangen von Gott 353
und sollten das Böse nicht auch annehmen?
Hiob 2,10

Gott verletzt und verbindet; 354
er zerschlägt, und seine Hand heilt. *Hiob 5,18*

Gott rafft die Gewalttätigen hin durch seine Kraft. 355
Hiob 24,22

Hilf, Herr! Die Heiligen haben abgenommen, 356
und gläubig sind wenige unter den Menschenkindern.
Ps 12,1

357 Unsere Väter hofften auf dich;
und da sie hofften, halfst du ihnen heraus. *Ps 22,5*

358 Der Herr ist meine Stärke und mein Schild;
auf ihn hofft mein Herz,
und mir ist geholfen. *Ps 28,7*

359 Der Herr ist nahe denen, die zerbrochenen Herzens sind,
und hilft denen, die ein zerschlagenes Gemüt haben.
Ps 34,19

360 Die Spötter reden nicht, was zum Frieden dient,
und ersinnen falsche Anklagen wider
die Stillen im Lande. *Ps 35,20*

361 Was betrübst du dich, meine Seele,
und bist so unruhig in mir?
Harre auf Gott;
denn ich werde ihm noch danken,
daß er meines Angesichts Hilfe und mein Gott ist.
Ps 42,6

362 Gott ist unsre Zuversicht und Stärke,
eine Hilfe in den großen Nöten, die uns getroffen haben.
Darum fürchten wir uns nicht. *Ps 46,2–3*

363 Gott, du hast uns geprüft und geläutert,
wie das Silber geläutert wird;
du hast uns in den Turm werfen lassen,
du hast auf unsern Rücken eine Last gelegt,
du hast Menschen über unser Haupt kommen lassen,

wir sind in Feuer und Wasser geraten.
Aber du hast uns herausgeführt und uns erquickt.
Ps 66,10–12

Gott legt uns eine Last auf, 364
aber er hilft uns auch. *Ps 68,20*

Du läßt mich erfahren viele und große Angst 365
und machst mich wieder lebendig. *Ps 71,20*

Die Gottlosen sind glücklich in der Welt und werden reich. 366
Ich sann nach, ob ich's begreifen könnte,
aber es war mir zu schwer,
bis ich ging in das Heiligtum Gottes
und merkte auf ihr Ende. *Ps 73,12.16–17*

Ich denke und sinne des Nachts 367
und rede mit meinem Herzen,
mein Geist muß forschen.
Wird denn der Herr auf ewig verstoßen? *Ps 77,7*

Kann Gott wohl einen Tisch bereiten in der Wüste? 368
Ps 78,19

Es ist umsonst, daß ihr früh aufsteht 369
und hernach lange sitzet
und esset euer Brot mit Sorgen;
denn seinen Freunden gibt es der Herr im Schlaf.
Ps 127,2

370 Wenn ich mitten in der Angst wandle,
so erquickst du mich. *Ps 138,7*

371 Der Herr richtet auf, die niedergeschlagen sind. *Ps 146,8*

372 Der Herr heilt, die zerbrochenen Herzens sind,
und verbindet ihre Wunden. *Ps 147,3*

373 Verwirf die Zucht des Herrn nicht
und sei nicht ungeduldig, wenn er dich zurechtweist;
denn wen der Herr liebt, den weist er zurecht,
und hat doch Wohlgefallen an ihm
wie ein Vater am Sohn. *Spr 3,11–12*

374 Herr, unser Gott,
es herrschen wohl andere Herren über uns als du,
aber wir gedenken doch allein deiner und deines Namens. *Jes 26,13*

375 Geh hin, mein Volk, in deine Kammer,
und schließ die Tür hinter dir zu!
Verbirg dich einen kleinen Augenblick,
bis der Zorn vorübergehe. *Jes 26,20*

376 Durch Stillesein und Hoffen würdet ihr stark sein. *Jes 30,15*

Wenn es dich müde macht, mit Fußgängern zu gehen, 377
wie wird es dir gehen, wenn du mit Rossen laufen sollst?
Wenn du schon im Lande,
wo keine Gefahr ist, Sicherheit suchst,
was willst du tun im Dickicht des Jordans? *Jer 12,5*

Ich weiß wohl, was ich für Gedanken über euch habe, 378
spricht der Herr:
Gedanken des Friedens und nicht des Leides,
daß ich euch gebe das Ende, des ihr wartet. *Jer 29,11*

Es ist ein köstlich Ding, geduldig sein 379
und auf die Hilfe des Herrn hoffen. *Klgl 3,26*

Herr, im Zorne denke an Barmherzigkeit! *Hab 3,2* 380

Die Gottesfürchtigen trösten sich untereinander: 381
Der Herr merkt und hört es,
und es wird vor ihm ein Gedenkbuch geschrieben
für die, welche den Herrn fürchten
und an seinen Namen gedenken.
Ihr werdet am Ende doch sehen,
was für ein Unterschied ist
zwischen dem Gerechten und dem Gottlosen,
zwischen dem, der Gott dient,
und dem, der ihm nicht dient. *Mal 3,16.18*

Glaube und Vertrauen

382 Abram glaubte dem Herrn,
und das rechnete er ihm zur Gerechtigkeit. *1.Mose 15,6*

383 Ich lasse dich nicht, du segnest mich denn.
1.Mose 32,27

384 Der Herr wird für euch streiten,
und ihr werdet stille sein. *2.Mose 14,14*

385 Zuflucht ist bei dem alten Gott
und unter den ewigen Armen. *5.Mose 33,27*

386 Die Hand unsres Gottes ist zum Besten über allen,
die ihn suchen,
und seine Stärke und sein Zorn gegen alle,
die ihn verlassen. *Esra 8,22*

387 Der Herr kennt den Weg der Gerechten,
aber der Gottlosen Weg vergeht. *Ps 1,6*

388 Ich liege und schlafe ganz mit Frieden;
denn allein du, Herr, hilfst mir,
daß ich sicher wohne. *Ps 4,9*

389 Es hoffen auf dich, die deinen Namen kennen.
Ps 9,11

Beweise deine wunderbare Güte, 390
du Heiland derer, die dir vertrauen! *Ps 17,7*

Herzlich lieb habe ich dich, 391
Herr, meine Stärke! *Ps 18,2*

Unsere Väter hofften auf dich 392
und wurden nicht zuschanden. *Ps 22,5–6*

Der Herr ist mein Hirte, 393
mir wird nichts mangeln.
Er weidet mich auf einer grünen Aue
und führet mich zum frischen Wasser.
Er erquicket meine Seele.
Er führet mich auf rechter Straße
um seines Namens willen.
Und ob ich schon wanderte im finstern Tal,
fürchte ich kein Unglück;
denn du bist bei mir,
dein Stecken und Stab trösten mich.
Du bereitest vor mir einen Tisch
im Angesicht meiner Feinde.
Du salbest mein Haupt mit Öl
und schenkest mir voll ein.
Gutes und Barmherzigkeit werden mir folgen
mein Leben lang,
und ich werde bleiben im Hause des Herrn immerdar.
Ps 23

Schmecket und sehet, wie freundlich der Herr ist. 394
Wohl dem, der auf ihn trauet! *Ps 34,9*

395 Reiche müssen darben und hungern;
aber die den Herrn suchen, haben keinen Mangel
an irgendeinem Gut. *Ps 34,11*

396 Befiehl dem Herrn deine Wege und hoffe auf ihn,
er wird's wohlmachen. *Ps 37,5*

397 Sei stille dem Herrn und warte auf ihn. *Ps 37,7*

398 Auf Gott hoffe ich und fürchte mich nicht;
was können mir Menschen tun? *Ps 56,12*

399 Tu deinen Mund weit auf, laß mich ihn füllen! *Ps 81,11*

400 Alle meine Quellen sind in dir! *Ps 87,7*

401 Des Herrn Wahrheit ist Schirm und Schild,
daß du nicht erschrecken mußt
vor dem Grauen der Nacht,
vor den Pfeilen, die des Tages fliegen,
vor der Pest, die im Finstern schleicht,
vor der Seuche, die am Mittag Verderben bringt.
Ps 91,4–6

402 Er hat seinen Engeln befohlen,
daß sie dich behüten auf allen deinen Wegen,
daß sie dich auf den Händen tragen
und du deinen Fuß nicht an einen Stein stoßest.
Ps 91,11

Es ist gut, auf den Herrn vertrauen *403*
und nicht sich verlassen auf Fürsten. *Ps 118,9*

Glaubt ihr nicht, so bleibt ihr nicht. *Jes 7,9* *404*

Wer festen Herzens ist, dem bewahrst du Frieden; *405*
denn er verläßt sich auf dich. *Jes 26,3*

Der Herr ist gütig und eine Feste zur Zeit der Not *406*
und kennt die, die auf ihn trauen. *Nah 1,7*

Der Gerechte wird durch seinen Glauben leben. *407*
Hab 2,4

Es soll nicht durch Heer oder Kraft, *408*
sondern durch meinen Geist geschehen,
spricht der Herr Zebaoth. *Sach 4,6*

Erscheint dies auch unmöglich in den Augen derer, *409*
die in dieser Zeit übriggeblieben sind von diesem Volk,
sollte es darum auch unmöglich erscheinen
in *meinen* Augen? spricht der Herr Zebaoth.
Sach 8,6

Trost durch Auferstehungshoffnung
Ich weiß, daß mein Erlöser lebt, *410*
und als der letzte wird er über dem Staub
sich erheben. *Hiob 19,25*

411 Du wirst mich nicht dem Tode überlassen
und nicht zugeben, daß dein Heiliger die Grube sehe.
Ps 16,10

412 Ich will schauen dein Antlitz in Gerechtigkeit,
ich will satt werden, wenn ich erwache,
an deinem Bilde. *Ps 17,15*

413 Gott wird mich erlösen aus des Todes Gewalt;
denn er nimmt mich auf. *Ps 49,16*

414 Wenn der Herr die Gefangenen Zions erlösen wird,
so werden wir sein wie die Träumenden.
Dann wird unser Mund voll Lachens
und unsre Zunge voll Rühmens sein:
Der Herr hat Großes an uns getan;
des sind wir fröhlich. *Ps 126,1–3*

415 Die mit Tränen säen, werden mit Freuden ernten.
Sie gehen hin und weinen
und streuen ihren Samen
und kommen mit Freuden
und bringen ihre Garben. *Ps 126,5–6*

416 Deine Toten werden leben,
deine Leichname werden auferstehen. *Jes 26,19*

Ich will einen neuen Himmel 417
und eine neue Erde schaffen,
daß man der vorigen nicht mehr gedenken
und sie nicht mehr zu Herzen nehmen wird.
Jes 65,17

Ihr verdorrten Gebeine, höret des Herrn Wort! 418
Siehe, ich will Odem in euch bringen,
daß ihr wieder lebendig werdet. *Hes 37,4–5*

Viele, die unter der Erde schlafen liegen, 419
werden aufwachen, die einen zum ewigen Leben,
die andern zu ewiger Schmach und Schande.
Dan 12,2

Gebet

Am Tage sendet der Herr seine Güte, 420
und des Nachts singe ich ihm
und bete zu dem Gott meines Lebens. *Ps 42,9*

Rufe mich an in der Not, so will ich dich erretten, 421
und du sollst mich preisen. *Ps 50,15*

Wirf dein Anliegen auf den Herrn; 422
der wird dich versorgen. *Ps 55,23*

Du erhörst Gebet; 423
darum kommt alles Fleisch zu dir. *Ps 65,3*

424 Gelobt sei Gott, der mein Gebet nicht verwirft
noch seine Güte von mir wendet. *Ps 66,20*

425 Herr, höre mein Gebet
und laß mein Schreien zu dir kommen! *Ps 102,2*

426 Der Herr wendet sich zum Gebet der Verlassenen
und verschmäht ihr Gebet nicht. *Ps 102,18*

427 Der Herr ist nahe allen, die ihn anrufen,
allen, die ihn ernstlich anrufen. *Ps 145,18*

428 Wer sein Ohr abwendet, um die Weisung nicht zu hören,
dessen Gebet ist ein Greuel. *Spr 28,9*

429 Wenn ihr auch eure Hände ausbreitet,
verberge ich doch meine Augen vor euch;
und wenn ihr auch viel betet,
höre ich euch doch nicht; denn eure Hände sind voll Blut.
Jes 1,15

430 Wir liegen vor dir mit unserm Gebet
und vertrauen nicht auf unsre Gerechtigkeit,
sondern auf deine große Barmherzigkeit. *Dan 9,18*

431 Bittet den Herrn, daß es regne,
so wird der Herr, der die Wolken macht,
euch auch Regen genug geben für jedes Gewächs
auf dem Felde. *Sach 10,1*

Ich will ausgießen den Geist der Gnade und des Gebets. 432
Sach 12,10

Lob und Dank

Wenn du gegessen hast und satt bist, 433
sollst du den Herrn, deinen Gott, loben. *5.Mose 8,10*

Der Herr lebt, und gelobt sei mein Fels, 434
und Gott, der Fels meines Heils, sei hoch erhoben.
2.Sam 22,47

Ich danke dem Herrn von ganzem Herzen 435
und erzähle alle deine Wunder. *Ps 9,2*

Mein Herz ist fröhlich, 436
und ich will dem Herrn danken mit meinem Lied.
Ps 28,7

Ich will den Herrn loben allezeit; 437
sein Lob soll immerdar in meinem Munde sein.
Ps 34,2

Wer Dank opfert, der preiset mich, 438
und da ist der Weg, daß ich ihm zeige das Heil Gottes.
Ps 50,23

Du krönst das Jahr mit deinem Gut, 439
und deine Fußtapfen triefen von Segen. *Ps 65,12*

440 Das ist ein köstlich Ding, dem Herrn danken
und lobsingen deinem Namen, du Höchster,
des Morgens deine Gnade
und des Nachts deine Wahrheit verkündigen.
Ps 92,2–3

441 Kommt herzu, laßt uns dem Herrn frohlocken
und jauchzen dem Hort unsres Heils!
Laßt uns mit Danken vor sein Angesicht kommen
und mit Psalmen ihm jauchzen! *Ps 95,1–2*

442 Singet dem Herrn und lobet seinen Namen,
verkündet von Tag zu Tag sein Heil! *Ps 96,2*

443 Ihr Gerechten, freut euch des Herrn und danket ihm
und preiset seinen heiligen Namen! *Ps 97,12*

444 Singet dem Herrn ein neues Lied,
denn er tut Wunder. *Ps 98,1*

445 Jauchzet dem Herrn, alle Welt!
Dienet dem Herrn mit Freuden,
kommt vor sein Angesicht mit Frohlocken! *Ps 100,2*

446 Lobe den Herrn, meine Seele,
und was in mir ist, seinen heiligen Namen!
Lobe den Herrn, meine Seele,
und vergiß nicht, was er dir Gutes getan hat.
Ps 103,1–2

Wer kann die großen Taten des Herrn alle erzählen 447
und sein Lob genug verkündigen? *Ps 106,2*

Die zum Herrn riefen in ihrer Not 448
und er errettete sie aus ihren Ängsten
und führte sie den richtigen Weg,
daß sie kamen zu der Stadt, in der sie wohnen konnten:
die sollen dem Herrn danken für seine Güte
und für seine Wunder,
die er an den Menschenkindern tut. *Ps 107,6–8*

Danket dem Herrn; denn er ist freundlich, 449
und seine Güte währet ewiglich. *Ps 118,1*

Ich danke dir mit aufrichtigem Herzen, 450
daß du mich lehrst die Ordnungen deiner Gerechtigkeit.
Ps 119,7

Der Dienst für Gott

Propheten

Kein Prophet ist mehr da, 451
und keiner ist bei uns, der etwas weiß. *Ps 74,9*

Starret hin und werdet bestürzt, 452
seid verblendet und werdet blind!
Seid trunken, doch nicht von starkem Getränk!
Denn der Herr hat über euch
einen Geist des tiefen Schlafs ausgegossen
und eure Augen – die Propheten – zugetan,
und eure Häupter – die Seher – hat er verhüllt.

Darum sind euch alle Offenbarungen wie die Worte
eines versiegelten Buches,
das man einem gibt, der lesen kann,
und spricht: Lies doch das!,
und er spricht: »Ich kann nicht, denn es ist versiegelt.«
Jes 29,9–11

453 Herr, du hast mich überredet,
und ich habe mich überreden lassen.
Du bist mir zu stark gewesen,
und hast gewonnen;
aber ich bin darüber zum Spott geworden täglich,
und jedermann verlacht mich. *Jer 20,7*

454 Ich dachte: Ich will nicht mehr an ihn denken
und nicht mehr in seinem Namen predigen.
Aber es ward in meinem Herzen
wie ein brennendes Feuer,
daß ich's nicht ertragen konnte. *Jer 20,9*

455 Ich sandte die Propheten nicht,
und doch laufen sie;
ich redete nicht zu ihnen,
und doch weissagen sie.
Wenn sie in meinem Rat gestanden hätten,
so hätten sie meine Worte meinem Volk gepredigt,
um es von seinem bösen Wandel und von seinem
bösen Tun zu bekehren. *Jer 23,21–22*

456 Ich höre es wohl, was die Propheten reden,
die Lüge weissagen in meinem Namen
und sprechen: Mir hat geträumt, mir hat geträumt.

Ein Prophet, der Träume hat, der erzähle Träume;
wer aber mein Wort hat, der predige mein Wort recht.
Wie reimen sich Stroh und Weizen zusammen?
Jer 23,25.28

Weh den törichten Propheten, die ihrem 457
eigenen Geist folgen! *Hes 13,3*

Ihr sprecht: »Der Herr hat's geredet«, 458
wo ich doch nichts geredet habe.
Weil ihr Trug redet und Lügen wahrsagt,
siehe, darum will ich an euch,
spricht Gott der Herr. *Hes 13,7–8*

Die Propheten verführen mein Volk 459
und sagen »Friede!«, wo doch kein Friede ist. *Hes 13,10*

Weissage gegen die Töchter deines Volks, 460
die aus eigenem Antrieb als Prophetinnen auftreten:
Ihr entheiligt mich bei meinem Volk
durch euer Lügen unter meinem Volk,
das so gern Lügen hört. *Hes 13,17.19*

Gott der Herr tut nichts, 461
er offenbare denn seinen Ratschluß den Propheten,
seinen Knechten. *Am 3,7*

462 Wenn ich ein Irrgeist wäre und ein Lügenprediger
und predigte, wie sie saufen und schwelgen sollen –
das wäre ein Prediger für dieses Volk! *Mi 2,11*

463 Ihre Propheten sind leichtfertig und voll Trug;
ihre Priester entweihen das Heiligtum
und deuten das Gesetz freventlich. *Zef 3,4*

Priester, Hirten und Lehrer

464 Laß deine Priester, Herr, Gott, mit Heil angetan werden
und deine Heiligen sich freuen des Guten.
2.Chron 6,41

465 Herr, deine Priester laß sich kleiden mit Gerechtigkeit.
Ps 132,9

466 Ich will euch Hirten geben nach meinem Herzen,
die euch weiden sollen in Einsicht und Weisheit.
Jer 3,15

467 Die Hirten sind Toren geworden
und fragen nicht nach dem Herrn.
Darum kann ihnen nichts Rechtes gelingen,
und ihre ganze Herde ist zerstreut. *Jer 10,21*

468 Ich suchte unter ihnen, ob jemand eine Mauer ziehen
und in die Bresche vor mir treten würde für das Land,
damit ich's nicht vernichten müßte;
aber ich fand keinen. *Hes 22,30*

Wehe den Hirten, die sich selbst weiden! 469
Sollen die Hirten nicht die Herde weiden?
Das Schwache stärkt ihr nicht,
und das Kranke heilt ihr nicht,
das Verirrte holt ihr nicht zurück,
und das Verlorene sucht ihr nicht.
Und meine Schafe sind zerstreut,
weil sie keinen Hirten haben. *Hes 34,2.4–5*

Ich will an die Hirten 470
und will meine Herde von ihren Händen fordern;
ich will ein Ende machen, daß sie Hirten sind,
und sie sollen nicht mehr sich selbst weiden.
Ich will mich meiner Herde selbst annehmen
und sie suchen. *Hes 34,10–11*

Die da lehren, werden leuchten wie des Himmels Glanz, 471
und die viele zur Gerechtigkeit weisen,
wie die Sterne immer und ewiglich. *Dan 12,3*

Mein Volk ist dahin, weil es ohne Erkenntnis ist. 472
Hos 4,6

Weh den Sorglosen zu Zion 473
und weh denen, die ihr meint,
vom bösen Tag weit ab zu sein,
und trachtet immer nach Frevelregiment;
die ihr schlaft auf elfenbeingeschmückten Lagern
und euch streckt auf euren Ruhebetten!
Ihr eßt die Lämmer aus der Herde
und die gemästeten Kälber
und spielt auf der Harfe

und erdichtet euch Lieder wie David
und trinkt Wein aus Schalen
und salbt euch mit dem besten Öl,
aber bekümmert euch nicht um den Schaden Josefs.

Am 6,1.3–6

474 Höret dies, ihr Häupter und Herren,
die ihr das Recht verabscheut
und alles, was gerade ist, krumm macht:
Israels Häupter richten für Geschenke,
seine Priester lehren für Lohn,
und seine Propheten wahrsagen für Geld –
und ihr verlaßt euch dennoch auf den Herrn und sprecht:
»Ist der Herr nicht unter uns?
Es kann kein Unglück über uns kommen.«

Mi 3,9.11

475 Das Volk geht in die Irre wie eine Herde
und ist verschmachtet, weil kein Hirte da ist.

Sach 10,2

476 Weh über meinen nichtsnutzigen Hirten,
der die Herde verläßt! *Sach 11,17*

477 Ihr Priester, wenn ihr's nicht hören
noch zu Herzen nehmen werdet,
daß ihr meinem Namen die Ehre gebt,
spricht der Herr Zebaoth,
so werde ich den Fluch unter euch schicken
und verfluchen, womit ihr gesegnet seid.

Mal 2,2

Des Priesters Lippen sollen die Lehre bewahren, *478*
daß man aus seinem Munde Weisung suche;
denn er ist ein Bote des Herrn Zebaoth. *Mal 2,7*

Gottesdienst und Opfer

Eins bitte ich vom Herrn, das hätte ich gerne: *479*
daß ich im Hause des Herrn bleiben könne
mein Leben lang. *Ps 27,4*

Opfere Gott Dank *480*
und erfülle dem Höchsten deine Gelübde.
Ps 50,14

Wohl dem, den du erwählst und zu dir lässest, *481*
daß er in deinen Vorhöfen wohne. *Ps 65,5*

Der Eifer um dein Haus hat mich gefressen. *Ps 69,10* *482*

Deine Widersacher, Herr, brüllen in deinem Hause *483*
und stellen ihre Zeichen darin auf. *Ps 74,4*

Der Vogel hat ein Haus gefunden *484*
und die Schwalbe ein Nest für ihre Jungen –
deine Altäre, Herr Zebaoth,
mein König und mein Gott. *Ps 84,4*

Wohl denen, die in deinem Hause wohnen. *485*
Denn ein Tag in deinen Vorhöfen ist besser
als sonst tausend. *Ps 84,5.11*

486 Die gepflanzt sind im Hause des Herrn,
werden in den Vorhöfen unsres Gottes grünen.
Und wenn sie auch alt werden,
werden sie dennoch blühen,
fruchtbar und frisch sein. *Ps 92,14–15*

487 Bewahre deinen Fuß, wenn du zum Hause Gottes gehst,
und komm, daß du hörest. *Pred 4,17*

488 Dies Volk spricht: »Die Zeit ist noch nicht da,
daß man des Herrn Haus baue.«
Aber eure Zeit ist da,
daß ihr in getäfelten Häusern wohnt,
und dies Haus muß wüst stehen.
Nun, so spricht der Herr Zebaoth:
Achtet doch darauf, wie es euch geht:
Ihr säet viel und bringt wenig ein;
ihr eßt und werdet doch nicht satt;
ihr trinkt und bleibt doch durstig;
ihr kleidet euch und könnt euch doch nicht erwärmen;
und wer Geld verdient,
der legt's in einen löchrigen Beutel.
Denn ihr erwartet wohl viel, aber es wird wenig;
und wenn ihr's schon heimbringt, so blase ich's weg.
Warum das? Weil *mein* Haus so wüst dasteht
und ein jeder nur eilt, für sein Haus zu sorgen.
Hag 1,2.4–6.9

489 Ist's recht, daß ein Mensch Gott betrügt,
wie ihr mich betrügt?
Ihr aber sprecht: »Womit betrügen wir dich?«
Mit dem Zehnten und der Opfergabe!
Bringt aber die Zehnten in voller Höhe

in mein Vorratshaus und prüft mich hiermit,
ob ich euch dann nicht des Himmels Fenster
auftun werde und Segen herabschütten die Fülle.
Mal 3,8.10

Das prophetische Zeugnis vom kommenden Messias

Ich will Feindschaft setzen zwischen dir 490
(der Schlange) und dem Weibe
und zwischen deinem Nachkommen
und ihrem Nachkommen;
der soll dir den Kopf zertreten,
und du wirst ihn in die Ferse stechen. *1. Mose 3,15*

Es wird das Zepter von Juda nicht weichen 491
noch der Stab des Herrschers von seinen Füßen,
bis daß der Held komme,
und ihm werden die Völker anhangen. *1. Mose 49,10*

Herr, ich warte auf dein Heil! *1. Mose 49,18* 492

Ich sehe ihn, aber nicht jetzt; 493
ich schaue ihn, aber nicht von nahem.
Er wird ein Stern aus Jakob aufgehen
und ein Zepter aus Israel aufkommen. *4. Mose 24,17*

Einen Propheten wie mich wird dir der Herr, dein Gott, 494
erwecken aus dir und aus deinen Brüdern;
dem sollt ihr gehorchen. *5. Mose 18,15*

495 Dein Haus und dein Königtum sollen beständig sein
in Ewigkeit vor mir,
und dein Thron soll ewiglich bestehen. *2.Sam 7,16*

496 Kundtun will ich den Ratschluß des Herrn.
Er hat zu mir gesagt: Du bist mein Sohn,
heute habe ich dich gezeugt. *Ps 2,7*

497 Der Herr sprach zu meinem Herrn:
Setze dich zu meiner Rechten,
bis ich deine Feinde zum Schemel deiner Füße mache.
Ps 110,1

498 Der Herr hat geschworen,
und es wird ihn nicht gereuen:
»Du bist ein Priester ewiglich
nach der Weise Melchisedeks.« *Ps 110,4*

499 Siehe, eine Jungfrau ist schwanger
und wird einen Sohn gebären,
den wird sie nennen Immanuel. *Jes 7,14*

500 Uns ist ein Kind geboren,
ein Sohn ist uns gegeben,
und die Herrschaft ruht auf seiner Schulter;
und er heißt Wunder-Rat, Gott-Held,
Ewig-Vater, Friede-Fürst;
auf daß seine Herrschaft groß werde
und des Friedens kein Ende auf dem Thron Davids
und in seinem Königreich,
daß er's stärke und stütze

durch Recht und Gerechtigkeit
von nun an bis in Ewigkeit.
Solches wird tun der Eifer des Herrn Zebaoth.

Jes 9,5–6

Es wird ein Reis hervorgehen aus dem Stamm Isais 501
und ein Zweig aus seiner Wurzel Frucht bringen.
Auf ihm wird ruhen der Geist des Herrn,
der Geist der Weisheit und des Verstandes,
der Geist des Rates und der Stärke,
der Geist der Erkenntnis und der Furcht des Herrn.

Jes 11,1–2

Es ist zu wenig, daß du mein Knecht bist, 502
die Stämme Jakobs aufzurichten
und die Zerstreuten Israels wiederzubringen,
sondern ich habe dich auch zum Licht
der Heiden gemacht,
daß du seist mein Heil bis an die Enden der Erde.

Jes 49,6

Ich bot meinen Rücken dar denen, die mich schlugen, 503
und meine Wangen denen, die mich rauften.
Mein Angesicht verbarg ich nicht
vor Schmach und Speichel. *Jes 50,6*

Er war der Allerverachtetste und Unwerteste, 504
voller Schmerzen und Krankheit.
Er war so verachtet,
daß man das Angesicht vor ihm verbarg;
darum haben wir ihn für nichts geachtet.
Fürwahr, er trug unsre Krankheit
und lud auf sich unsre Schmerzen.
Wir aber hielten ihn für den, der geplagt

und von Gott geschlagen und gemartert wäre.
Aber er ist um unsrer Missetat willen verwundet
und um unsrer Sünde willen zerschlagen.
Die Strafe liegt auf ihm, auf daß wir Frieden hätten,
und durch seine Wunden sind wir geheilt.
Wir gingen alle in die Irre wie Schafe,
ein jeder sah auf seinen Weg.
Aber der Herr warf unser aller Sünde auf ihn.
Jes 53,3–6

505 Der Geist Gottes des Herrn ist auf mir,
weil der Herr mich gesalbt hat.
Er hat mich gesandt,
den Elenden gute Botschaft zu bringen,
die zerbrochenen Herzen zu verbinden,
zu verkündigen den Gefangenen die Freiheit,
den Gebundenen, daß sie frei und ledig sein sollen;
zu verkündigen ein gnädiges Jahr des Herrn
und einen Tag der Vergeltung unsres Gottes,
zu trösten alle Trauernden. *Jes 61,1–2*

506 Es kam einer mit den Wolken des Himmels
wie eines Menschen Sohn. *Dan 7,13*

507 Und du, Bethlehem Efrata,
die du klein bist unter den Städten in Juda,
aus dir soll mir der kommen, der in Israel Herr sei,
dessen Ausgang von Anfang und von
Ewigkeit her gewesen ist. *Mi 5,1*

Du, Tochter Zion, freue dich sehr, *508*
und du, Tochter Jerusalem, jauchze!
Siehe, dein König kommt zu dir,
ein Gerechter und ein Helfer,
arm und reitet auf einem Esel,
auf einem Füllen der Eselin. *Sach 9,9*

Lebensweisheit im Alten Bund

Der Mensch – sein Wesen und Treiben

509 Die Menschen machen sich viel vergebliche Unruhe;
sie sammeln und wissen nicht, wer es einbringen wird.
Ps 39,7

510 Unser Leben währet siebzig Jahre,
und wenn's hoch kommt, so sind's achtzig Jahre,
und was daran köstlich scheint,
ist doch nur vergebliche Mühe;
denn es fähret schnell dahin,
als flögen wir davon. *Ps 90,10*

511 Des Menschen Herz erdenkt sich seinen Weg;
aber der Herr allein lenkt seinen Schritt. *Spr 16,9*

512 Der Mensch wirft das Los;
aber es fällt, wie der Herr will. *Spr 16,33*

513 Es geschieht nichts Neues unter der Sonne.
Pred 1,9

Geschieht etwas, von dem man sagen könnte: 514
»Sieh, das ist neu?«
Es ist längst vorher auch geschehen in den Zeiten,
die vor uns gewesen sind. *Pred 1,10*

Ich sah an alles Tun, das unter der Sonne geschieht, 515
und siehe, es war alles eitel
und Haschen nach Wind. *Pred 1,14*

Was kriegt der Mensch von aller seiner Mühe 516
und dem Streben seines Herzens,
womit er sich abmüht unter der Sonne?
Ist's nun nicht besser für den Menschen,
daß er esse und trinke und seine Seele guter Dinge sei
bei seinem Mühen?
Doch dies sah ich auch, daß es von Gottes Hand kommt.
Denn wer kann fröhlich essen und genießen ohne ihn?
Pred 2,22.24–25

Ein jegliches hat seine Zeit, 517
und alles Vorhaben unter dem Himmel hat seine Stunde.
Pred 3,1

Wiederum sah ich, wie es unter der Sonne zugeht: 518
zum Laufen hilft nicht schnell sein,
zum Kampf hilft nicht stark sein,
zur Nahrung hilft nicht geschickt sein,
zum Reichtum hilft nicht klug sein;
daß einer angenehm sei, dazu hilft nicht,
daß er etwas gut kann,
sondern alles liegt an Zeit und Glück. *Pred 9,11*

519 Alle Menschen sind Toren mit ihrer Kunst.
Jer 10,14

520 Ich weiß, daß des Menschen Tun nicht
in seiner Gewalt steht,
und es liegt in niemandes Macht,
wie er wandle oder seinen Gang richte. *Jer 10,23*

Der Mensch in seiner Vergänglichkeit

521 Du bist Erde und sollst zu Erde werden.
1.Mose 3,19

522 Muß nicht der Mensch immer im Dienst
stehen auf Erden,
und sind seine Tage nicht wie die eines Tagelöhners?
Hiob 7,1

523 Meine Tage sind schneller dahingeflogen
als ein Weberschiffchen. *Hiob 7,6*

524 Der Mensch, vom Weibe geboren,
lebt kurze Zeit und ist voll Unruhe,
geht auf wie eine Blume und fällt ab,
flieht wie ein Schatten und bleibt nicht.
Hiob 14,1–2

525 Meine Zeit steht in deinen Händen. *Ps 31,16*

Herr, lehre mich doch, 526
daß es ein Ende mit mir haben muß
und mein Leben ein Ziel hat
und ich davon muß. *Ps 39,5*

Siehe, meine Tage sind eine Handbreit bei dir. 527
Ps 39,6

Wie gar nichts sind alle Menschen, 528
die doch so sicher leben! *Ps 39,6*

Wo ist jemand, der lebt und den Tod nicht sähe, 529
der seine Seele errette aus des Todes Hand?
Ps 89,49

Du lässest die Menschen sterben und sprichst: 530
Kommt wieder, Menschenkinder!
Denn tausend Jahre sind vor dir wie der Tag,
der gestern vergangen ist,
und wie eine Nachtwache. *Ps 90,3–4*

Lehre uns bedenken, daß wir sterben müssen, 531
auf daß wir klug werden. *Ps 90,12*

Ich sage: Mein Gott, nimm mich nicht weg 532
in der Hälfte meiner Tage! *Ps 102,25*

533 Ein Mensch ist in seinem Leben wie Gras,
er blüht wie eine Blume auf dem Felde;
wenn der Wind darüber geht, so ist sie nimmer da,
und ihre Stätte kennt sie nicht mehr. *Ps 103,15–16*

534 Des Menschen Geist muß davon,
und er muß wieder zu Erde werden;
dann sind verloren alle seine Pläne. *Ps 146,4*

535 Man gedenkt derer nicht, die früher gewesen sind,
und derer, die hernach kommen;
man wird auch ihrer nicht gedenken bei denen,
die noch später kommen. *Pred 1,11*

536 Wie einer nackt von seiner Mutter Leibe gekommen ist,
so fährt er wieder dahin, wie er gekommen ist,
und trotz seiner Mühe nimmt er nichts mit sich
in seiner Hand, wenn er dahinfährt. *Pred 5,14*

537 Wer weiß, was dem Menschen nützlich ist im Leben,
in seinen kurzen, eitlen Tagen,
die er verbringt wie einen Schatten? *Pred 6,12*

538 Es ist besser, in ein Haus zu gehen, wo man trauert,
als in ein Haus, wo man feiert;
denn da zeigt sich das Ende aller Menschen,
und der Lebende nehme es zu Herzen! *Pred 7,2*

Der Mensch hat keine Macht, den Wind aufzuhalten, 539
und hat keine Macht über den Tag des Todes.
Pred 8,8

Wer noch bei den Lebenden weilt, der hat Hoffnung; 540
denn ein lebender Hund ist besser als ein toter Löwe.
Pred 9,4

Das Totenreich hat den Schlund weit aufgesperrt 541
und den Rachen aufgetan ohne Maß,
daß hinunterfährt, was da prangt und lärmt,
alle Übermütigen und Fröhlichen. *Jes 5,14*

Lebenszeiten

Jugend

Von dem Herrn kommt es, 542
wenn eines Mannes Schritte fest werden. *Ps 37,23*

Wie wird ein junger Mann seinen Weg unsträflich gehen? 543
Wenn er sich hält an deine Worte. *Ps 119,9*

Mein Sohn, wenn dich die bösen Buben locken, 544
so folge nicht.
Wenn sie sagen: Wage es mit uns!
Einen Beutel nur soll es für uns alle geben:
Mein Sohn, wandle den Weg nicht mit ihnen,
halte deinen Fuß fern von ihrem Pfad;
denn ihre Füße laufen zum Bösen. *Spr 1,10.14–16*

545 Schon einen Knaben erkennt man an seinem Tun,
ob er lauter und redlich werden will. *Spr 20,11*

546 Freue dich, Jüngling, in deiner Jugend
und laß dein Herz guter Dinge sein
in deinen jungen Tagen.
Tu, was dein Herz gelüstet und deinen Augen gefällt;
aber wisse, daß dich Gott um das alles vor Gericht
ziehen wird. *Pred 11,9*

547 Denk an deinen Schöpfer in der Jugend,
ehe die bösen Tage kommen
und die Jahre sich nahen, da du wirst sagen:
»Sie gefallen mir nicht.« *Pred 12,1*

548 Es ist ein köstlich Ding für einen Mann,
daß er das Joch in seiner Jugend trage. *Klgl 3,27*

Alter

549 Vor einem grauen Haupt sollst du aufstehen
und die Alten ehren. *3.Mose 19,32*

550 Verwirf mich nicht in meinem Alter,
verlaß mich nicht, wenn ich schwach werde.
Ps 71,9

551 Auch im Alter, Gott, verlaß mich nicht,
und wenn ich grau werde,
bis ich deine Macht verkündige Kindeskindern.
Ps 71,18

Graue Haare sind eine Krone der Ehre; 552
auf dem Weg der Gerechtigkeit wird sie gefunden.
Spr 16,31

Der Jünglinge Ehre ist ihre Stärke, 553
und graues Haar ist der Alten Schmuck. *Spr 20,29*

Ehe und Familie

Mann und Frau

Ein Mann wird seinen Vater und seine Mutter verlassen 554
und seinem Weibe anhangen;
und sie werden sein *ein* Fleisch. *1.Mose 2,24*

Gott zur Frau: Unter Mühen sollst du Kinder gebären. 555
1.Mose 3,16

Gott zur Frau: 556
Dein Verlangen soll nach deinem Manne sein;
aber er soll dein Herr sein. *1.Mose 3,16*

Trinke Wasser aus *deiner* Zisterne 557
und was quillt aus *deinem* Brunnen.
Sollen deine Quellen herausfließen auf die Straße
und deine Wasserbäche auf die Gassen?
Habe du sie allein, und kein Fremder mit dir.
Dein Born sei gesegnet,
und freue dich des Weibes deiner Jugend.
Warum willst du dich an der Fremden ergötzen
und herzest eine andere? *Spr 5,15–18.20*

558 Laß dich bewahren vor der Frau deines Nächsten.
Laß dich nach ihrer Schönheit nicht gelüsten
in deinem Herzen,
und laß dich nicht fangen durch ihre Augenlider.
Denn eine Hure bringt einen nur ums Brot,
aber eines andern Ehefrau um das kostbare Leben.
Kann auch jemand ein Feuer unterm Gewand tragen,
ohne daß seine Kleider brennen?
Oder könnte jemand auf Kohlen gehen,
ohne daß seine Füße verbrannt würden?
So geht es dem, der zu seines Nächsten Frau geht;
es bleibt keiner ungestraft, der sie berührt.
Wer mit einer Verheirateten die Ehe bricht,
der ist von Sinnen;
wer sein Leben ins Verderben bringen will,
der tut das. *Spr 6,24–29.32*

559 Die Weisheit der Frauen baut ihr Haus;
aber ihre Torheit reißt's nieder mit eigenen Händen.
Spr 14,1

560 Wer eine Ehefrau gefunden hat,
der hat etwas Gutes gefunden
und Wohlgefallen erlangt vom Herrn. *Spr 18,22*

561 Haus und Habe vererben die Eltern;
aber eine verständige Ehefrau kommt vom Herrn.
Spr 19,14

562 Besser im Winkel auf dem Dach wohnen
als mit einem zänkischen Weibe zusammen
in einem Hause. *Spr 21,9*

Besser in der Wüste wohnen 563
als bei einem zänkischen und zornigen Weibe.
Spr 21,19

Durch ordentliches Haushalten werden die Kammern 564
voll kostbarer, lieblicher Habe. *Spr 24,4*

Wem eine tüchtige Frau beschert ist, 565
die ist viel edler als die köstlichsten Perlen.
Ihres Mannes Herz darf sich auf sie verlassen,
und Nahrung wird ihm nicht mangeln.
Sie tut ihm Liebes und kein Leid ihr Leben lang.
Spr 31,10–12

Lieblich und schön sein ist nichts; 566
ein Weib, das den Herrn fürchtet, soll man loben.
Spr 31,30

Genieße das Leben mit deinem Weibe, das du liebhast, 567
solange du das eitle Leben hast,
das dir Gott unter der Sonne gegeben hat;
denn das ist dein Teil am Leben
und bei deiner Mühe,
mit der du dich mühst unter der Sonne. *Pred 9,9*

Eltern und Kinder

Du ließest mich geborgen sein an der Brust 568
meiner Mutter. *Ps 22,10*

Rechne uns die Schuld der Väter nicht an! *Ps 79,8* 569

570 Wer ist wie der Herr,
der die Unfruchtbare im Hause zu Ehren bringt,
daß sie eine fröhliche Kindermutter wird? *Ps 113,9*

571 Siehe, Kinder sind eine Gabe des Herrn,
und Leibesfrucht ist ein Geschenk. *Ps 127,3*

572 Wie Pfeile in der Hand eines Starken,
so sind die Söhne der Jugendzeit. *Ps 127,4*

573 Dein Weib wird sein wie ein fruchtbarer
Weinstock drinnen in deinem Hause,
deine Kinder wie junge Ölbäume um deinen Tisch her.
Siehe, so wird gesegnet der Mann,
der den Herrn fürchtet. *Ps 128,3–4*

574 Mein Sohn, bewahre das Gebot deines Vaters
und laß nicht fahren die Weisung deiner Mutter.
Binde sie dir aufs Herz allezeit. *Spr 6,20–21*

575 Ein weiser Sohn ist seines Vaters Freude;
aber ein törichter Sohn ist seiner Mutter Grämen.
Spr 10,1

576 Ein törichter Sohn ist seines Vaters Verdruß
und ein Gram für die Mutter, die ihn geboren hat.
Spr 17,25

Gewöhne einen Knaben an seinen Weg, 577
so läßt er auch nicht davon, wenn er alt wird.
Spr 22,6

Torheit steckt dem Knaben im Herzen; 578
aber die Zucht der Rute treibt sie ihm aus. *Spr 22,15*

Der Vater eines Gerechten freut sich, 579
und wer einen Weisen gezeugt hat,
ist fröhlich über ihn. *Spr 23,24*

Wie die Mutter, so die Tochter. *Hes 16,44* 580

Nur wer sündigt, der soll sterben. 581
Der Sohn soll nicht tragen die Schuld des Vaters,
und der Vater soll nicht tragen die Schuld des Sohnes,
sondern die Gerechtigkeit des Gerechten
soll ihm allein zugute kommen,
und die Ungerechtigkeit des Ungerechten
soll auf ihm allein liegen. *Hes 18,20*

Der Nächste

Wohl dem, der sich des Schwachen annimmt! 582
Den wird der Herr erretten zur bösen Zeit. *Ps 41,2*

Trachte nicht nach Bösem gegen deinen Nächsten, 583
der arglos bei dir wohnt. *Spr 3,29*

584 Es ist viel Speise in den Furchen der Armen;
aber wo kein Recht ist, da ist Verderben. *Spr 13,23*

585 Wer seinen Nächsten verachtet, versündigt sich.
Spr 14,21

586 Wer sich des Armen erbarmt, der ehrt Gott. *Spr 14,31*

587 Ein Freund liebt allezeit,
und ein Bruder wird für die Not geboren. *Spr 17,17*

588 Ein gekränkter Bruder ist abweisender
als eine feste Stadt. *Spr 18,19*

589 Es gibt Allernächste, die bringen ins Verderben,
und es gibt Freunde, die hangen fester an
als ein Bruder. *Spr 18,24*

590 Wer Geschenke gibt, hat alle zu Freunden. *Spr 19,6*

591 Wer sich des Armen erbarmt, der leiht dem Herrn,
und der wird ihm vergelten, was er Gutes getan hat.
Spr 19,17

592 Halte deinen Fuß zurück vom Hause deines Nächsten;
er könnte dich satt bekommen und dir gram werden.
Spr 25,17

Die Schläge des Freundes meinen es gut; 593
aber die Küsse des Hassers sind trügerisch.
Spr 27,6

Ein Nachbar in der Nähe ist besser 594
als ein Bruder in der Ferne. *Spr 27,10*

Wer einen Menschen zurechtweist, 595
wird zuletzt Dank haben,
mehr als der da freundlich tut. *Spr 28,23*

Es ist besser zu zweien als allein. 596
Fällt einer von ihnen, so hilft ihm sein Gesell auf.
Weh dem, der allein ist, wenn er fällt!
Dann ist kein anderer da, der ihm aufhilft.
Auch, wenn zwei beieinander liegen, wärmen sie sich;
wie kann ein einzelner warm werden?
Einer mag überwältigt werden,
aber zwei können widerstehen,
und eine dreifache Schnur reißt nicht leicht entzwei.
Pred 4,9–12

Ihre falschen Zungen sind tödliche Pfeile; 597
mit dem Munde reden sie freundlich zu ihrem Nächsten,
aber im Herzen lauern sie ihm auf. *Jer 9,7*

Weh dem, der seinen Nächsten trinken läßt 598
und seinen Grimm beimischt und ihn trunken macht,
daß er seine Blöße sehe! *Hab 2,15*

Von Lust und Leid

Lebensfreude

599 Der Wein erfreue des Menschen Herz,
und das Brot stärke des Menschen Herz. *Ps 104,15*

600 Ein fröhliches Herz macht ein fröhliches Angesicht.
Spr 15,13

601 Ein guter Mut ist ein tägliches Fest. *Spr 15,15*

602 Ein fröhliches Herz tut dem Leibe wohl;
aber ein betrübtes Gemüt läßt das Gebein verdorren.
Spr 17,22

603 Findest du Honig, so iß davon nur,
soviel du bedarfst,
daß du nicht zu satt werdest
und speiest ihn aus. *Spr 25,16*

604 Wenn einer auch hundert Kinder zeugte
und hätte ein so langes Leben, daß er sehr alt würde,
aber er genösse das Gute nicht,
von dem sage ich:
Eine Fehlgeburt hat es besser als er. *Pred 6,3*

Am guten Tage sei guter Dinge, 605
und am bösen bedenke:
Diesen hat Gott geschaffen wie jenen,
damit der Mensch nicht wissen soll,
was künftig ist. *Pred 7,14*

Lebensnot

Du bist der Waisen Helfer. *Ps 10,14* 606

Mein Vater und meine Mutter verlassen mich; 607
aber der Herr nimmt mich auf. *Ps 27,10*

Ein Vater der Waisen und ein Helfer der Witwen 608
ist Gott in seiner heiligen Wohnung,
ein Gott, der die Einsamen nach Hause bringt.
Ps 68,6

Der Herr behütet die Fremdlinge 609
und erhält Waisen und Witwen;
aber die Gottlosen führt er in die Irre. *Ps 146,9*

Auch beim Lachen kann das Herz trauern. *Spr 14,13* 610

Wer einem mißmutigen Herzen Lieder singt, 611
das ist, wie wenn einer das Kleid ablegt
an einem kalten Tag,
und wie Essig auf Lauge. *Spr 25,20*

612 Wie ein Vogel, der aus seinem Nest flüchtet,
so ist ein Mann, der aus seiner Heimat flieht.
Spr 27,8

613 Trauern ist besser als Lachen;
denn durch Trauern wird das Herz gebessert.
Pred 7,3

Über Arbeit und Besitz

Das Werk unsrer Hände

614 Bleibe im Lande und nähre dich redlich. *Ps 37,3*

615 Wenn der Herr nicht das Haus baut,
so arbeiten umsonst, die daran bauen. *Ps 127,1*

616 Wohl dem, der den Herrn fürchtet
und auf seinen Wegen geht!
Du wirst dich nähren von deiner Hände Arbeit;
wohl dir, du hast's gut. *Ps 128,1–2*

617 Alles, was dir unter die Hände kommt,
es zu tun mit deiner Kraft, das tu;
denn bei den Toten, zu denen du fährst,
gibt es weder Tun noch Denken,
weder Erkenntnis noch Weisheit. *Pred 9,10*

618 Laß dein Brot über das Wasser fahren;
denn du wirst es finden nach langer Zeit. *Pred 11,1*

Am Morgen säe deinen Samen, 619
und laß deine Hand bis zum Abend nicht ruhen;
denn du weißt nicht, was geraten wird,
ob dies oder das,
oder ob beides miteinander gut gerät. *Pred 11,6*

Laß dich warnen: 620
Des vielen Büchermachens ist kein Ende,
und viel Studieren macht den Leib müde.
Pred 12,12

Reichtum und Armut

Das Wenige, das ein Gerechter hat, ist besser 621
als der Überfluß vieler Gottloser. *Ps 37,16*

Laß es dich nicht anfechten, wenn einer reich wird, 622
wenn die Herrlichkeit seines Hauses groß wird.
Denn er wird nichts bei seinem Sterben mitnehmen,
und seine Herrlichkeit wird ihm nicht nachfahren.
Ps 49,17–18

Fällt euch Reichtum zu, so hängt euer Herz nicht daran. 623
Ps 62,11

Ehre den Herrn mit deinem Gut! *Spr 3,9* 624

Besser wenig mit der Furcht des Herrn 625
als ein großer Schatz, bei dem Unruhe ist. *Spr 15,16*

Reiche und Arme begegnen einander; 626
der Herr hat sie alle gemacht. *Spr 22,2*

627 Bemühe dich nicht, reich zu werden;
da spare deine Klugheit! *Spr 23,4*

628 Ein Reicher meint weise zu sein,
aber ein verständiger Armer durchschaut ihn.
Spr 28,11

629 Wer eilt, reich zu werden,
wird nicht ohne Schuld bleiben. *Spr 28,20*

630 Armut und Reichtum gib mir nicht;
laß mich aber mein Teil Speise dahinnehmen,
das du mir beschieden hast. *Spr 30,8*

Von Unheil und Segen

Eifersucht

631 Eifersucht ist Eiter in den Gebeinen. *Spr 14,30*

632 Zorn ist ein wütig Ding,
und Grimm ist ungestüm;
aber wer kann vor der Eifersucht bestehen?
Spr 27,4

633 Ich sah alles Mühen an und alles geschickte Tun,
da ist nur Eifersucht des einen auf den andern.
Das ist auch eitel und Haschen nach Wind.
Pred 4,4

Faulheit und Fleiß

Geh hin zur Ameise, du Fauler, 634
sieh an ihr Tun und lerne von ihr!
Wenn sie auch keinen Fürsten noch Hauptmann
noch Herrn hat,
so bereitet sie doch ihr Brot im Sommer
und sammelt ihre Speise in der Ernte. *Spr 6,6–8*

Wie lange liegst du, Fauler! 635
Wann willst du aufstehen von deinem Schlaf?
Ja, schlafe noch ein wenig,
schlage die Hände ineinander ein wenig,
daß du schlafest,
so wird dich die Armut übereilen wie ein Räuber
und der Mangel wie ein gewappneter Mann.
Spr 6,9–11

Lässige Hand macht arm; 636
aber der Fleißigen Hand macht reich. *Spr 10,4*

Wer gering ist und geht seiner Arbeit nach, 637
ist besser als einer, der groß sein will
und an Brot Mangel hat. *Spr 12,9*

Wo man arbeitet, da ist Gewinn; 638
wo man aber nur mit Worten umgeht, da ist Mangel.
Spr 14,23

Liebe den Schlaf nicht, daß du nicht arm werdest; 639
laß deine Augen offen sein,
so wirst du Brot genug haben. *Spr 20,13*

640 Der Faule stirbt über seinem Wünschen;
denn seine Hände wollen nichts tun.
Spr 21,25

641 Ein Fauler wendet sich im Bett wie die Tür in der Angel.
Spr 26,14

642 Der Faule steckt seine Hand in die Schüssel,
und es wird ihm sauer, daß er sie zum Munde bringe.
Spr 26,15

643 Wer arbeitet, dem ist der Schlaf süß,
er habe wenig oder viel gegessen;
aber die Fülle läßt den Reichen nicht schlafen.
Pred 5,11

644 Durch lässige Hände tropft es im Haus. *Pred 10,18*

Habgier und Bescheidenheit

645 Wer unrechtem Gewinn nachgeht, zerstört sein Haus.
Spr 15,27

646 Wenn du zu Tische sitzt mit einem hohen Herrn,
so bedenke wohl, was du vor dir hast,
und setze ein Messer an deine Kehle, wenn du gierig bist;
wünsche dir nichts von seinen feinen Speisen;
denn es ist trügerisches Brot. *Spr 23,1–3*

647 Besser eine Hand voll mit Ruhe
als beide Fäuste voll mit Mühe
und Haschen nach Wind. *Pred 4,6*

Wer Geld liebt, wird vom Geld niemals satt. 648
Pred 5,9

Es ist besser, zu gebrauchen, was vor Augen ist, 649
als nach anderem zu verlangen. *Pred 6,9*

Unrechter Gewinn macht den Weisen zum Toren, 650
und Bestechung verdirbt das Herz. *Pred 7,7*

Wie ein Vogel, der sich über Eier setzt, 651
die er nicht gelegt hat,
so ist, wer unrecht Gut sammelt. *Jer 17,11*

Weh dem, der sein Haus mit Sünden baut 652
und seine Gemächer mit Unrecht,
der seinen Nächsten umsonst arbeiten läßt
und gibt ihm seinen Lohn nicht! *Jer 22,13*

Weh dem, der sein Gut mehrt mit fremdem Gut – 653
wie lange wird's währen? *Hab 2,6*

Haß und Liebe

Haß erregt Hader; 654
aber die Liebe deckt alle Übertretungen zu. *Spr 10,12*

Falsche Lippen bergen Haß. *Spr 10,18* 655

656 Besser ein Gericht Kraut mit Liebe
als ein gemästeter Ochse mit Haß. *Spr 15,17*

657 Ein heilloser Mensch gräbt nach Unheil. *Spr 16,27*

Hochmut und Demut

658 Die Ruhmredigen bestehen nicht vor deinen Augen,
Herr. *Ps 5,6*

659 Stolze Augen erniedrigst du. *Ps 18,28*

660 Er demütigt auf dem Weg meine Kraft;
er verkürzt meine Tage. *Ps 102,24*

661 Es ist gut für mich, daß du mich gedemütigt hast,
damit ich deine Gebote lerne. *Ps 119,71*

662 Herr, mein Herz ist nicht hoffärtig,
und meine Augen sind nicht stolz.
Ich gehe nicht um mit großen Dingen,
die mir zu wunderbar sind.
Fürwahr, meine Seele ist still und ruhig geworden
wie ein kleines Kind bei seiner Mutter. *Ps 131,1–2*

663 Wer zugrunde gehen soll, der wird zuvor stolz;
und Hochmut kommt vor dem Fall. *Spr 16,18*

Besser niedrig sein mit den Demütigen 664
als Beute austeilen mit den Hoffärtigen. *Spr 16,19*

Wer seine Tür zu hoch macht, strebt nach Einsturz. 665
Spr 17,19

Ein verkehrtes Herz findet nichts Gutes. *Spr 17,20* 666

Wer sich absondert, der sucht, was ihn gelüstet, 667
und gegen alles, was gut ist, geht er an. *Spr 18,1*

Wenn einer zugrunde gehen soll, 668
wird sein Herz zuvor stolz;
und ehe man zu Ehren kommt,
muß man demütig sein. *Spr 18,12*

Prange nicht vor dem Könige 669
und stelle dich nicht zu den Großen;
denn es ist besser, daß man zu dir sage: Tritt hier herauf!,
als daß du erniedrigt wirst.
Spr 25,6–7

Rühme dich nicht des morgigen Tages; 670
denn du weißt nicht, was der Tag bringt. *Spr 27,1*

Laß dich von einem andern loben 671
und nicht von deinem Mund,
von einem Fremden
und nicht von deinen eignen Lippen. *Spr 27,2*

672 Wir wollen nicht mehr auf Rossen reiten,
auch nicht mehr sagen zu den Werken unserer Hände:
»Ihr seid unser Gott.«
Denn bei dir finden die Verwaisten Gnade. *Hos 14,4*

673 Der Hochmut deines Herzens hat dich betrogen,
weil du in den Felsenklüften wohnst,
in deinen hohen Schlössern,
und du sprichst in deinem Herzen:
Wer will mich zu Boden stoßen?
Wenn du auch in die Höhe führest wie ein Adler
und machtest dein Nest zwischen den Sternen,
dennoch will ich dich von dort herunterstürzen,
spricht der Herr. *Obd 3–4*

Lüge und Wahrhaftigkeit

674 Gemeinheit herrscht unter den Menschenkindern.
Ps 12,9

675 Auch mein Freund, dem ich vertraute,
der mein Brot aß,
tritt mich mit Füßen. *Ps 41,10*

676 Wenn mein Feind mich schmähte,
wollte ich es ertragen.
Aber nun bist du es, mein Gefährte,
mein Freund und mein Vertrauter,
die wir freundlich miteinander waren,
die wir in Gottes Haus gingen inmitten der Menge!
Ps 55,13–15

Sie haben meinen Schritten ein Netz gestellt 677
und meine Seele gebeugt;
sie haben vor mir eine Grube gegraben –
und fallen doch selbst hinein. *Ps 57,7–8*

Der Herr läßt es den Aufrichtigen gelingen. *Spr 2,7* 678

Tu von dir die Falschheit des Mundes 679
und sei kein Lästermaul. *Spr 4,24*

Wer wahrhaftig ist, der sagt offen, was recht ist; 680
aber ein falscher Zeuge betrügt. *Spr 12,17*

Ein Verleumder macht Freunde uneins. *Spr 16,28* 681

Die Worte des Verleumders sind wie Leckerbissen 682
und gehen einem glatt ein. *Spr 18,8*

»Schlecht, schlecht!« spricht man, wenn man kauft; 683
aber wenn man weggeht, so rühmt man sich.
Spr 20,14

Iß nicht bei einem Neidischen, 684
und wünsche dir von seinen feinen Speisen nichts;
denn in seinem Herzen ist er berechnend;
er spricht zu dir: Iß und trink!
und sein Herz ist doch nicht mit dir. *Spr 23,6–7*

685 Glatte Lippen und ein böses Herz,
das ist wie Tongeschirr, mit Silberschaum überzogen.
Spr 26,23

686 Wer eine Grube macht, der wird hineinfallen;
und wer einen Stein wälzt, auf den wird er
zurückkommen. *Spr 26,27*

687 Wer seinem Nächsten schmeichelt,
der spannt ihm ein Netz über den Weg. *Spr 29,5*

688 Gott hat den Menschen aufrichtig gemacht;
aber sie suchen viele Künste. *Pred 7,29*

689 Weh denen, die das Unrecht herbeiziehen
mit Stricken der Lüge und die Sünde mit Wagenseilen!
Jes 5,18

690 Liebet Wahrheit und Frieden! *Sach 8,19*

Menschenfurcht und Gottvertrauen

691 Ich will zum König hineingehen entgegen dem Gesetz.
Komme ich um, so komme ich um. *Est 4,16*

692 Ich fürchte mich nicht vor vielen Tausenden,
die sich ringsum wider mich legen. *Ps 3,7*

Der Herr ist mein Licht und mein Heil; 693
vor wem sollte ich mich fürchten?
Der Herr ist meines Lebens Kraft;
vor wem sollte mir grauen? *Ps 27,1*

Wenn sich auch ein Heer wider mich lagert, 694
so fürchtet sich dennoch mein Herz nicht. *Ps 27,3*

Warum sollte ich mich fürchten in bösen Tagen, 695
wenn mich die Missetat meiner Widersacher umgibt?
Ps 49,6

Der Herr ist mit mir, darum fürchte ich mich nicht; 696
was können mir Menschen tun? *Ps 118,6*

Menschenfurcht bringt zu Fall; 697
wer sich aber auf den Herrn verläßt, wird beschützt.
Spr 29,25

Rachsucht und Schadenfreude

Die Rache ist mein, spricht der Herr, ich will vergelten. 698
5. Mose 32,35

Du vertilgest den Feind und den Rachgierigen. *Ps 8,3* 699

Wer sich über eines andern Unglück freut, 700
wird nicht ungestraft bleiben. *Spr 17,5*

701 Freue dich nicht über den Fall deines Feindes,
und dein Herz sei nicht froh über sein Unglück;
der Herr könnte es sehen und Mißfallen daran haben
und seinen Zorn von ihm wenden. *Spr 24,17–18*

702 Sprich nicht:
»Wie einer tut, will ich ihm auch tun
und einem jeglichen sein Tun vergelten.« *Spr 24,29*

703 Es kommt der Tag der Rache des Herrn. *Jes 34,8*

Spottgeist

704 Müssen Männer zu deinem leeren Gerede schweigen,
daß du spottest und niemand dich beschämt?
Hiob 11,3

705 Wohl dem, der nicht sitzt, wo die Spötter sitzen! *Ps 1,1*

706 Der Herr wird der Spötter spotten,
aber den Demütigen wird er Gnade geben. *Spr 3,34*

707 Der Spötter sucht Weisheit und findet sie nicht.
Spr 14,6

708 Treibe den Spötter hinaus, so geht der Zank weg,
und Hader und Schmähung hören auf. *Spr 22,10*

709 Die Spötter bringen leichtfertig eine Stadt in Aufruhr;
aber die Weisen stillen den Zorn. *Spr 29,8*

Siehe, sie halten des Herrn Wort für Spott 710
und wollen es nicht haben. *Jer 6,10*

Trunksucht und Schlemmerei

Der Wein macht Spötter, 711
und starkes Getränk macht wild;
wer davon taumelt, wird niemals weise. *Spr 20,1*

Wer Wein und Salböl liebt, wird nicht reich. *Spr 21,17* 712

Sei nicht unter den Säufern und Schlemmern, 713
denn die Säufer und Schlemmer verarmen.
Spr 23,20–21

Wo ist Weh? Wo ist Leid? 714
Wo ist Zank? Wo ist Klagen?
Wo sind Wunden ohne jeden Grund?
Wo sind trübe Augen?
Wo man lange beim Wein sitzt
und kommt, auszusaufen, was eingeschenkt ist.
Sieh den Wein nicht an, wie er so rot ist
und im Glase so schön steht:
Er geht glatt ein, aber danach beißt er wie eine Schlange
und sticht wie eine Otter.
Da werden deine Augen seltsame Dinge sehen,
und dein Herz wird Verkehrtes reden.
Spr 23,29–33

Wer der Schlemmer Geselle ist, 715
macht seinem Vater Schande.
Spr 28,7

716 Weh denen, die Helden sind, Wein zu saufen!
Jes 5,22

Unbarmherzigkeit und Erbarmen

717 Du sollst dem Ochsen, der da drischt,
nicht das Maul verbinden. *5.Mose 25,4*

718 Wer Barmherzigkeit seinem Nächsten verweigert,
der gibt die Furcht vor dem Allmächtigen auf.
Hiob 6,14

719 Der Gottlose muß borgen und bezahlt nicht,
aber der Gerechte ist barmherzig und kann geben.
Ps 37,21

720 Weigere dich nicht, dem Bedürftigen Gutes zu tun,
wenn deine Hand es vermag.
Sprich nicht zu deinem Nächsten: Geh hin
und komm wieder; morgen will ich dir geben –,
wenn du es doch hast. *Spr 3,27–28*

721 Ein barmherziger Mann nützt auch sich selber;
aber ein herzloser schneidet sich ins eigene Fleisch.
Spr 11,17

722 Einer teilt reichlich aus und hat immer mehr;
ein andrer kargt, wo er nicht soll,
und wird doch ärmer. *Spr 11,24*

723 Der Gerechte erbarmt sich seines Viehs;
aber das Herz der Gottlosen ist unbarmherzig.
Spr 12,10

Ungeduld und Gelassenheit

Hastig errafftes Gut zerrinnt; 724
wer aber ruhig sammelt, bekommt immer mehr.
Spr 13,11

Ein gelassenes Herz ist des Leibes Leben. *Spr 14,30* 725

Ein Geduldiger ist besser als ein Starker. *Spr 16,32* 726

Wer hastig läuft, der tritt fehl. *Spr 19,2* 727

Das Erbe, nach dem man zuerst sehr eilt, 728
wird zuletzt nicht gesegnet sein. *Spr 20,21*

Das Planen eines Emsigen bringt Überfluß; 729
wer aber allzu rasch handelt, dem wird's mangeln.
Spr 21,5

Untreue und Beständigkeit

Wo du hingehst, da will ich auch hingehen; 730
wo du bleibst, da bleibe ich auch.
Dein Volk ist mein Volk,
und dein Gott ist mein Gott. *Rut 1,16*

Sie waren treulos wie ihre Väter 731
und versagten wie ein schlaffer Bogen. *Ps 78,57*

Durch Güte und Treue wird Missetat gesühnt. *Spr 16,6* 732

733 Viele Menschen rühmen ihre Güte;
aber wer findet einen, der zuverlässig ist? *Spr 20,6*

734 Die Hure mehrt die Treulosen unter den Menschen.
Spr 23,28

735 Auf einen Treulosen hoffen zur Zeit der Not,
das ist wie ein fauler Zahn. *Spr 25,19*

736 Ein treuer Mann wird von vielen gesegnet.
Spr 28,20

Zorn und Milde

737 Zürnet ihr, so sündiget nicht. *Ps 4,5*

738 Steh ab vom Zorn und laß den Grimm,
entrüste dich nicht,
damit du nicht Unrecht tust. *Ps 37,8*

739 Ein Tor zeigt seinen Zorn alsbald;
aber wer Schmähung überhört, der ist klug.
Spr 12,16

740 Eine linde Antwort stillt den Zorn;
aber ein hartes Wort erregt Grimm. *Spr 15,1*

741 Ein zorniger Mann richtet Zank an;
ein geduldiger aber stillt den Streit. *Spr 15,18*

Wer sich selbst beherrscht, ist besser als einer, 742
der Städte gewinnt. *Spr 16,32*

Klugheit macht den Mann langsam zum Zorn, 743
und es ist seine Ehre,
daß er Verfehlung übersehen kann. *Spr 19,11*

Eine heimliche Gabe stillt den Zorn 744
und ein Geschenk im Verborgenen
den heftigen Grimm. *Spr 21,14*

Geselle dich nicht zum Zornigen 745
und halt dich nicht zu einem wütenden Mann;
du könntest auf seinen Weg geraten
und dich selbst zu Fall bringen. *Spr 22,24–25*

Ein Mann, der seinen Zorn nicht zurückhalten kann, 746
ist wie eine offene Stadt ohne Mauern. *Spr 25,28*

Sei nicht schnell, dich zu ärgern; 747
denn Ärger ruht im Herzen des Toren. *Pred 7,9*

Gelassenheit wendet großes Unheil ab. *Pred 10,4* 748

Haltlosigkeit und Zucht

749 Was hast du von meinen Geboten zu reden
und nimmst meinen Bund in deinen Mund,
da du doch Zucht hassest
und wirfst meine Worte hinter dich? *Ps 50,16–17*

750 Wohl dem, den du, Herr, in Zucht nimmst! *Ps 94,12*

751 Die Toren verachten Weisheit und Zucht. *Spr 1,7*

752 Der Gottlose wird sterben, weil er Zucht nicht wollte.
Spr 5,23

753 Zucht bewahren ist der Weg zum Leben;
wer aber Zurechtweisung nicht achtet,
geht in die Irre. *Spr 10,17*

754 Ein schönes Weib ohne Zucht ist wie eine Sau
mit einem goldenen Ring durch die Nase. *Spr 11,22*

755 Wer Zucht liebt, der wird klug;
aber wer Zurechtweisung haßt, der bleibt dumm.
Spr 12,1

756 Ein guter Ruf ist köstlicher als großer Reichtum.
Spr 22,1

757 Der Mund unzüchtiger Weiber ist eine tiefe Grube;
wem der Herr zürnt, der fällt hinein. *Spr 22,14*

Kaufe Wahrheit und verkaufe sie nicht, 758
die Weisheit, die Zucht und die Einsicht. *Spr 23,23*

Vom Reden und Schweigen

Muß denn ein Schwätzer immer recht haben? 759
Hiob 11,2

Prüft nicht das Ohr die Rede, 760
wie der Mund die Speise schmeckt? *Hiob 12,11*

Wie lange wollt ihr auf Worte Jagd machen? 761
Hiob 18,2

Wer möchte gern gut leben und schöne Tage sehen? 762
Behüte deine Zunge vor Bösem
und deine Lippen, daß sie nicht Trug reden.
Ps 34,13–14

Ich habe mir vorgenommen: Ich will mich hüten, 763
daß ich nicht sündige mit meiner Zunge. *Ps 39,2*

Siehe, es ist kein Wort auf meiner Zunge, 764
das du, Herr, nicht schon wüßtest. *Ps 139,4*

Wo viel Worte sind, da geht's ohne Sünde nicht ab; 765
wer aber seine Lippen im Zaum hält, ist klug.
Spr 10,19

766 Durch den Segen der Frommen kommt eine Stadt hoch;
aber durch den Mund der Gottlosen
wird sie niedergerissen. *Spr 11,11*

767 Wer unvorsichtig herausfährt mit Worten,
sticht wie ein Schwert;
aber die Zunge der Weisen bringt Heilung. *Spr 12,18*

768 Freundliche Reden sind Honigseim,
trösten die Seele und erfrischen die Gebeine.
Spr 16,24

769 Auch ein Tor, wenn er schwiege,
würde für weise gehalten
und für verständig, wenn er den Mund hielte.
Spr 17,28

770 Ein Mund, der Vernünftiges redet,
ist ein edles Kleinod. *Spr 20,15*

771 Mit dem, der den Mund nicht halten kann,
laß dich nicht ein. *Spr 20,19*

772 Es ist dem Menschen ein Fallstrick,
unbedacht Gelübde zu tun
und erst nach dem Geloben zu überlegen. *Spr 20,25*

773 Wer Mund und Zunge bewahrt,
der bewahrt sein Leben vor Not. *Spr 21,23*

Eine richtige Antwort ist wie ein lieblicher Kuß. *774*

Spr 24,26

Verrate nicht eines anderen Geheimnis, *775*
damit von dir nicht übel spricht, wer es hört,
und dann das böse Gerede über dich nicht aufhört.

Spr 25,9–10

Ein Wort, geredet zur rechten Zeit, *776*
ist wie goldene Äpfel auf silbernen Schalen.

Spr 25,11

Wie ein Vogel dahinfliegt und eine Schwalbe enteilt, *777*
so ist ein unverdienter Fluch:
er trifft nicht ein. *Spr 26,2*

Sei nicht schnell mit deinem Munde *778*
und laß dein Herz nicht eilen, etwas zu reden vor Gott;
denn Gott ist im Himmel und du auf Erden;
darum laß deiner Worte wenig sein. *Pred 5,1*

Es ist besser, du gelobst nichts, *779*
als daß du nicht hältst, was du gelobst.
Laß nicht zu, daß dein Mund dich in Schuld bringe.

Pred 5,4–5

Wo viel Träume sind, da ist Eitelkeit und viel Gerede; *780*
darum fürchte Gott! *Pred 5,6*

Von Streit und Frieden

781 Laß doch nicht Zank sein zwischen mir und dir,
denn wir sind Brüder.
Willst du zur Linken, so will ich zur Rechten,
oder willst du zur Rechten, so will ich zur Linken.
1.Mose 13,8–9

782 Frevel geht nicht aus der Erde hervor,
und Unheil wächst nicht aus dem Acker;
sondern der Mensch erzeugt sich selbst das Unheil.
Hiob 5,6–7

783 Suche Frieden und jage ihm nach! *Ps 34,15*

784 Siehe, wie fein und lieblich ist's,
wenn Brüder einträchtig beieinander wohnen!
Ps 133,1

785 Unter den Übermütigen ist immer Streit;
aber Weisheit ist bei denen, die sich raten lassen.
Spr 13,10

786 Behüte mich vor den Gewalttätigen,
die Böses planen in ihrem Herzen
und täglich Streit erregen. *Ps 140,2–3*

787 Wenn eines Menschen Wege dem Herrn wohlgefallen,
so läßt er auch seine Feinde mit ihm Frieden machen.
Spr 16,7

788 Besser ein trockener Bissen mit Frieden als
ein Haus voll Geschlachtetem mit Streit. *Spr 17,1*

Wer Verfehlung zudeckt, stiftet Freundschaft. 789
Spr 17,9

Wer Streit anfängt, gleicht dem, 790
der dem Wasser den Damm aufreißt.
Laß ab vom Streit, ehe er losbricht! *Spr 17,14*

Wer Zank liebt, der liebt die Sünde. *Spr 17,19* 791

Eine Ehre ist es dem Mann, dem Streit fern zu bleiben. 792
Spr 20,3

Eine linde Zunge zerbricht Knochen. *Spr 25,15* 793

Wer vorübergeht und sich mengt in fremden Streit, 794
der ist wie einer, der den Hund bei den Ohren zwackt.
Spr 26,17

Wenn kein Holz mehr da ist, so erlischt das Feuer, 795
und wenn der Verleumder weg ist,
so hört der Streit auf. *Spr 26,20*

Wer die Nase hart schneuzt, zwingt Blut heraus, 796
und wer den Zorn reizt, ruft Streit hervor.
Spr 30,33

Streit hat seine Zeit, Friede hat seine Zeit. 797
Pred 3,8

Über Recht und Unrecht

Recht und Unrecht im persönlichen Handeln

798 Geh nicht mutwillig mit jemand vor Gericht,
wenn er dir kein Leid getan hat. *Spr 3,30*

799 Sei nicht neidisch auf den Gewalttätigen
und erwähle seiner Wege keinen. *Spr 3,31*

800 Eines jeden Wege liegen offen vor dem Herrn,
und er hat acht auf aller Menschen Gänge.
Spr 5,21

801 Hast du gebürgt für deinen Nächsten
und hast du Handschlag gegeben für einen andern,
und bist du gebunden durch deine Worte
und gefangen in der Rede deines Mundes,
so tu doch dies, damit du wieder frei werdest,
denn du bist in deines Nächsten Hand:
Geh hin, dränge und bestürme deinen Nächsten!
Errette dich wie ein Reh aus der Schlinge
und wie ein Vogel aus der Hand des Fängers.
Spr 6,1–3.5

802 Falsche Waage ist dem Herrn ein Greuel;
aber ein volles Gewicht ist sein Wohlgefallen.
Spr 11,1

803 Wer dem Geringen Gewalt tut, lästert dessen Schöpfer.
Spr 14,31

804 Gerechtigkeit erhöht ein Volk;
aber die Sünde ist der Leute Verderben. *Spr 14,34*

Wer Bestechung haßt, wird leben. *Spr 15,27* 805

Besser wenig mit Gerechtigkeit 806
als viel Einkommen mit Unrecht. *Spr 16,8*

Der Gottlose nimmt gern heimlich Geschenke, 807
zu beugen den Weg des Rechts. *Spr 17,23*

Ein jeder hat zuerst in seiner Sache recht; 808
kommt aber der andere zu Wort, so findet sich's.
Spr 18,17

Den Gottlosen mundet das Unrecht. *Spr 19,28* 809

Wer Unrecht sät, der wird Unglück ernten. *Spr 22,8* 810

Verrücke nicht uralte Grenzen! *Spr 23,10* 811

Vergreife dich nicht an dem Acker der Waisen, 812
denn ihr Helfer ist mächtig,
der wird ihre Sache gegen dich führen.
Spr 23,10–11

Errette, die man zum Tode schleppt, 813
und entzieh dich nicht denen,
die zur Schlachtbank wanken.
Sprichst du: »Siehe, wir haben's nicht gewußt!«,
fürwahr, der die Herzen prüft, merkt es.
Spr 24,11–12

814 Laufe nicht zu schnell vor Gericht;
denn was willst du zuletzt machen,
wenn dich dein Nächster beschämt? *Spr 25,8*

815 Wer Geschenke verspricht und hält's nicht,
der ist wie Wolken und Wind ohne Regen. *Spr 25,14*

816 Der Gerechte weiß um die Sache der Armen. *Spr 29,7*

817 Tu deinen Mund auf für die Stummen
und für die Sache aller, die verlassen sind. *Spr 31,8*

818 Es ist kein Mensch so gerecht auf Erden,
daß er nur Gutes tue und nicht sündige. *Pred 7,20*

819 Weh denen, die Böses gut und Gutes böse nennen,
die aus Finsternis Licht und aus Licht Finsternis machen,
die aus sauer süß und aus süß sauer machen! *Jes 5,20*

820 Gib Rat, schaffe Recht;
verbirg die Verjagten und verrate die Flüchtigen nicht!
Jes 16,3

821 Hört dies, die ihr die Armen unterdrückt
und die Elenden im Lande zugrunde richtet
und sprecht: Wann werden wir das Maß verringern
und den Preis steigern und die Waage fälschen,
damit wir die Armen um Geld
und die Geringen um ein Paar Schuhe

in unsere Gewalt bringen?
Der Herr hat geschworen:
Niemals werde ich diese ihre Taten vergessen!
Am 8,4–7

Recht und Unrecht in der Rechtsprechung

Du wollest deinem Knecht ein gehorsames 822
Herz geben, damit er dein Volk richten könne
und verstehen, was gut und böse ist. *1.Kön 3,9*

Man schreit, daß viel Gewalt geschieht, 823
und ruft um Hilfe vor dem Arm der Großen;
aber man fragt nicht: »Wo ist Gott, mein Schöpfer,
der Lobgesänge gibt in der Nacht?« *Hiob 35,9–10*

Seine Hilfe ist nahe denen, die ihn fürchten, 824
daß in unserem Lande Ehre wohne;
daß Güte und Treue einander begegnen,
Gerechtigkeit und Friede sich küssen;
daß Treue auf der Erde wachse
und Gerechtigkeit vom Himmel schaue. *Ps 85,10–12*

Recht muß doch Recht bleiben, 825
und ihm werden alle frommen Herzen zufallen.
Ps 94,15

Der Herr schafft Gerechtigkeit und Recht allen, 826
die Unrecht leiden. *Ps 103,6*

Die Person ansehen im Gericht ist nicht gut. 827
Spr 24,23

828 Wer zum Schuldigen spricht: »Du hast recht«,
dem fluchen die Völker,
und die Leute verwünschen ihn. *Spr 24,24*

829 Siehst du, wie im Lande der Arme Unrecht leidet
und Recht und Gerechtigkeit zum Raub geworden sind,
dann wundere dich nicht darüber;
denn ein Hoher schützt den andern,
und noch Höhere sind über beiden. *Pred 5,7*

830 Weh denen, die den Schuldigen gerecht sprechen,
und das Recht nehmen denen, die im Recht sind!
Jes 5,23

831 Weh denen, die unrechte Gesetze machen,
um die Sache der Armen zu beugen! *Jes 10,1–2*

832 Der Herr ist ein Gott des Rechts. *Jes 30,18*

833 Errettet den Bedrückten aus des Frevlers Hand!
Jer 21,12

834 Wenn man alle Gefangenen auf Erden unter
die Füße tritt – sollte das der Herr nicht sehen?
Klgl 3,34.36

835 Hasset das Böse und liebet das Gute,
richtet das Recht auf im Tor! *Am 5,15*

Ihr wandelt das Recht in Gift 836
und die Frucht der Gerechtigkeit in Wermut.
Am 6,12

Ihr Herren im Hause Israel, 837
ihr solltet die sein, die das Recht kennen.
Aber ihr hasset das Gute und liebet das Arge;
ihr schindet ihnen die Haut ab
und das Fleisch von ihren Knochen
und fresset das Fleisch meines Volks. *Mi 3,1–3*

Es geht Gewalt vor Recht. 838
Darum ist das Gesetz ohnmächtig,
und die rechte Sache kann nie gewinnen;
darum ergehen verkehrte Urteile. *Hab 1,3–4*

Weh dem, der die Stadt mit Blut baut, 839
und richtet die Burg auf mit Unrecht! *Hab 2,12*

Richtet recht, und ein jeder erweise seinem 840
Bruder Güte und Barmherzigkeit. *Sach 7,9*

Tut nicht Unrecht den Witwen, Waisen, Fremdlingen 841
und Armen! *Sach 7,10*

Rede einer mit dem anderen Wahrheit 842
und richtet recht. *Sach 8,16*

Von Völkern und Regierungen

843 Gott macht Völker groß und bringt sie wieder um;
er breitet ein Volk aus und treibt's wieder weg.
Hiob 12,23

844 Zieh einher für die Wahrheit in Sanftmut und Gerechtigkeit,
so wird deine rechte Hand Wunder vollbringen.
Ps 45,5

845 Kommt her und schauet die Werke des Herrn,
der auf Erden solch ein Zerstören anrichtet,
der den Kriegen steuert in aller Welt.
Seid stille und erkennet, daß ich Gott bin.
Ich will der Höchste sein unter den Heiden,
der Höchste auf Erden. *Ps 46,9–11*

846 Den Ruhmredigen fällt der Pöbel zu
und läuft ihnen zu in Haufen wie Wasser. *Ps 73,10*

847 Alle Völker, die du gemacht hast, werden kommen
und vor dir anbeten, Herr,
und deinen Namen ehren. *Ps 86,9*

848 Der die Völker in Zucht hält,
sollte der nicht Rechenschaft fordern –
er, der die Menschen Erkenntnis lehrt? *Ps 94,10*

849 Wenn der Herr nicht die Stadt behütet,
so wacht der Wächter umsonst. *Ps 127,1*

Verlasset euch nicht auf Fürsten; 850
sie sind Menschen, die können ja nicht helfen.
Ps 146,3

Pläne kommen zum Ziel, wenn man sich recht berät; 851
und Krieg soll man mit Vernunft führen.
Spr 20,18

Des Königs Herz ist in der Hand des Herrn
wie Wasserbäche; 852
er lenkt es, wohin er will. *Spr 21,1*

Rosse werden gerüstet zum Tage der Schlacht; 853
aber der Sieg kommt vom Herrn. *Spr 21,31*

Fürchte den Herrn und den König 854
und menge dich nicht unter die Aufrührer;
denn plötzlich wird sie das Verderben treffen.
Spr 24,21–22

Es ist Gottes Ehre, eine Sache zu verbergen; 855
aber der Könige Ehre ist es, eine Sache zu erforschen.
Spr 25,2

Der Himmel ist hoch und die Erde tief, 856
und der Könige Herz ist unerforschlich. *Spr 25,3*

Man tue den Gottlosen weg vom König, 857
so wird sein Thron durch Gerechtigkeit gefestigt.
Spr 25,5

858 Um des Landes Sünde willen wechseln häufig
seine Herren;
aber durch einen verständigen und vernünftigen Mann
gewinnt das Recht Bestand. *Spr 28,2*

859 Wenn die Gerechten Oberhand haben,
so ist herrliche Zeit;
wenn aber die Gottlosen hochkommen,
verbergen sich die Leute. *Spr 28,12*

860 Ein Gottloser, der über ein armes Volk regiert,
ist wie ein brüllender Löwe und ein gieriger Bär.
Spr 28,15

861 Wenn ein Fürst ohne Verstand ist,
so geschieht viel Unrecht. *Spr 28,16*

862 Wer viel Steuern erhebt, richtet das Land zugrunde.
Spr 29,4

863 Wo keine Offenbarung ist, wird das Volk wild und wüst;
aber wohl dem, der auf die Weisung achtet!
Spr 29,18

864 Viele suchen das Angesicht eines Fürsten;
aber eines jeglichen Recht kommt vom Herrn.
Spr 29,26

865 Immer ist ein König, der dafür sorgt,
daß das Feld bebaut wird,
ein Gewinn für das Land. *Pred 5,8*

Weh dir, Land, dessen König ein Kind ist 866
und dessen Fürsten schon in der Frühe tafeln!
Wohl dir, Land, dessen König ein Edler ist
und dessen Fürsten zur rechten Zeit tafeln
als ehrbare Männer und nicht als Zecher.
Pred 10,16–17

Fluche dem König auch nicht in Gedanken; 867
denn die Vögel des Himmels tragen die Stimme fort,
und die Fittiche haben, sagen's weiter. *Pred 10,20*

Kinder sind Gebieter meines Volks 868
und Weiber beherrschen es.
Mein Volk, deine Führer verführen dich
und verwirren den Weg, den du gehen sollst!
Jes 3,12

Wie große Wasser werden die Nationen tosen. 869
Jes 17,13

Wenn deine Gerichte über die Erde gehen, 870
so lernen die Bewohner des Erdkreises Gerechtigkeit.
Jes 26,9

Siehe, die Völker sind geachtet wie ein Tropfen am Eimer 871
und wie ein Sandkorn auf der Waage. *Jes 40,15*

Bald rede ich über ein Volk und Königreich, 872
daß ich es ausreißen, einreißen und zerstören will;
wenn es sich aber bekehrt von seiner Bosheit,
gegen die ich rede, so reut mich auch das Unheil,
das ich ihm gedachte zu tun.
Und bald rede ich über ein Volk und Königreich,

daß ich es bauen und pflanzen will;
wenn es aber tut, was mir mißfällt,
daß es meiner Stimme nicht gehorcht,
so reut mich auch das Gute,
das ich ihm verheißen hatte zu tun. *Jer 18,7–10*

873 Suchet der Stadt Bestes,
dahin ich euch habe wegführen lassen,
und betet für sie zum Herrn;
denn wenn's ihr wohlgeht, so geht's auch euch wohl.
Jer 29,7

874 Gott ändert Zeit und Stunde;
er setzt Könige ab und setzt Könige ein;
er gibt den Weisen ihre Weisheit
und den Verständigen ihren Verstand. *Dan 2,21*

875 Gott der Höchste hat Gewalt über die Königreiche
der Menschen und gibt sie, wem er will. *Dan 5,21*

876 Ist etwa ein Unglück in der Stadt, das der Herr nicht tut?
Am 3,6

877 Wird's nicht so vom Herrn Zebaoth geschehen:
Woran die Völker sich abgearbeitet haben,
muß mit Feuer verbrennen,
und wofür die Leute sich müde gemacht haben,
das muß verloren sein? –
Denn die Erde wird voll werden von Erkenntnis
der Ehre des Herrn,
wie Wasser das Meer bedeckt. *Hab 2,13–14*

Weisheit und Torheit

Die Furcht des Herrn ist der Weisheit Anfang. 878
Klug sind alle, die danach tun. *Ps 111,10*

Die Toren bringt ihre Sorglosigkeit um. *Spr 1,32* 879

Ein Mann wird gelobt nach seiner Klugheit; 880
aber wer verschrobenen Sinnes ist, wird verachtet.
Spr 12,8

Den Toren dünkt sein Weg recht; 881
aber wer auf Rat hört, der ist weise. *Spr 12,15*

Wer mit den Weisen umgeht, der wird weise; 882
wer aber der Toren Geselle ist,
der wird Unglück haben. *Spr 13,20*

Ein Scheltwort dringt tiefer bei dem Verständigen 883
als hundert Schläge bei dem Toren. *Spr 17,10*

Wo man nicht mit Vernunft handelt, 884
da ist auch Eifer nichts nütze. *Spr 19,2*

Das Vorhaben im Herzen eines Mannes 885
ist wie ein tiefes Wasser;
aber ein kluger Mann kann es schöpfen. *Spr 20,5*

886 Der Kluge sieht das Unglück kommen
und verbirgt sich;
die Unverständigen laufen weiter und leiden Schaden.
Spr 22,3

887 Antworte dem Toren nicht nach seiner Torheit,
daß du ihm nicht gleich werdest. *Spr 26,4*

888 Wer eine Sache durch einen törichten Boten ausrichtet,
der ist wie einer, der sich selbst die Füße abhaut.
Spr 26,6

889 Wo viel Weisheit ist, da ist viel Grämen,
und wer viel lernt, der muß viel leiden. *Pred 1,18*

890 Sei nicht allzu gerecht und nicht allzu weise,
damit du dich nicht zugrunde richtest. *Pred 7,16*

891 Die Weisheit macht den Weisen stärker als
zehn Gewaltige, die in der Stadt sind. *Pred 7,19*

892 Tote Fliegen verderben gute Salben.
Ein wenig Torheit wiegt schwerer als Weisheit
und Ehre. *Pred 10,1*

Der Gottessohn Jesus Christus

Der Sohn des Vaters von Ewigkeit her

Niemand hat Gott je gesehen; *893*
der Eingeborene, der Gott ist
und in des Vaters Schoß ist,
der hat ihn uns verkündigt. *Joh 1,18*

Wie der Vater das Leben hat in sich selber, *894*
so hat er auch dem Sohn gegeben,
das Leben zu haben in sich selber. *Joh 5,26*

Ehe Abraham wurde, bin ich. *Joh 8,58* *895*

Vater, verherrliche du mich bei dir *896*
mit der Herrlichkeit, die ich bei dir hatte,
ehe die Welt war. *Joh 17,5*

Vater, du hast mich geliebt, *897*
ehe der Grund der Welt gelegt war.
Joh 17,24

898 Der Sohn ist das Ebenbild des unsichtbaren Gottes,
der Erstgeborene vor aller Schöpfung. *Kol 1,15*

899 Im Sohn ist alles geschaffen,
was im Himmel und auf Erden ist,
das Sichtbare und das Unsichtbare,
es seien Throne oder Herrschaften
oder Mächte oder Gewalten;
es ist alles durch ihn und zu ihm geschaffen. *Kol 1,16*

900 Durch den Sohn hat Gott die Welt gemacht. *Hebr 1,2*

901 Der Sohn ist der Abglanz der Herrlichkeit Gottes
und das Ebenbild seines Wesens. *Hebr 1,3*

Die Fleischwerdung

902 Josef erschien der Engel des Herrn im Traum und sprach:
Josef, du Sohn Davids, fürchte dich nicht,
Maria, deine Frau, zu dir zu nehmen;
denn was sie empfangen hat,
das ist von dem heiligen Geist.
Und sie wird einen Sohn gebären,
dem sollst du den Namen Jesus geben,
denn er wird sein Volk retten von ihren Sünden.
Mt 1,20–21

903 Maria gebar ihren ersten Sohn und wickelte
ihn in Windeln und legte ihn in eine Krippe;
denn sie hatten sonst keinen Raum in der Herberge.
Lk 2,7

Der Engel sprach zu den Hirten: 904
Fürchtet euch nicht!
Siehe, ich verkündige euch große Freude,
die allem Volk widerfahren wird;
denn euch ist heute der Heiland geboren,
welcher ist Christus, der Herr,
in der Stadt Davids. *Lk 2,10–11*

Alsbald war da bei dem Engel die Menge 905
der himmlischen Heerscharen,
die lobten Gott und sprachen:
Ehre sei Gott in der Höhe
und Friede auf Erden bei den Menschen
seines Wohlgefallens. *Lk 2,13–14*

Herr, nun läßt du deinen Diener in Frieden fahren, 906
wie du gesagt hast;
denn meine Augen haben deinen Heiland gesehen.
Lk 2,29–30

Das Wort ward Fleisch und wohnte unter uns, 907
und wir sahen seine Herrlichkeit,
eine Herrlichkeit als des eingeborenen Sohnes vom Vater,
voller Gnade und Wahrheit. *Joh 1,14*

Als die Zeit erfüllt war, sandte Gott seinen Sohn, 908
geboren von einer Frau und unter das Gesetz getan,
damit er die, die unter dem Gesetz waren, erlöste,
damit wir die Kindschaft empfingen. *Gal 4,4–5*

909 Daran sollt ihr den Geist Gottes erkennen:
Ein jeder Geist, der bekennt,
daß Jesus Christus in das Fleisch gekommen ist,
der ist von Gott. *1. Joh 4,2*

910 Darin ist erschienen die Liebe Gottes unter uns,
daß Gott seinen eingebornen Sohn gesandt hat
in die Welt,
damit wir durch ihn leben sollen. *1. Joh 4,9*

Der Gehorsamsweg des Sündlosen

911 Die Füchse haben Gruben
und die Vögel unter dem Himmel haben Nester;
aber der Menschensohn hat nichts,
wo er sein Haupt hinlege. *Mt 8,20*

912 Der Sohn kann nichts von sich aus tun,
sondern nur, was er den Vater tun sieht;
denn was dieser tut, das tut gleicherweise auch der Sohn.
Joh 5,19

913 Der Vater läßt mich nicht allein;
denn ich tue allezeit, was ihm gefällt. *Joh 8,29*

914 Wer von euch kann mich einer Sünde zeihen? *Joh 8,46*

915 Christus Jesus erniedrigte sich selbst
und ward gehorsam bis zum Tode,
ja zum Tode am Kreuz. *Phil 2,8*

Jesus mußte in allem seinen Brüdern gleich werden, 916
damit er barmherzig würde
und ein treuer Hohepriester vor Gott,
zu sühnen die Sünden des Volks. *Hebr 2,17*

Worin Jesus selbst gelitten hat und versucht worden ist, 917
kann er helfen denen, die versucht werden. *Hebr 2,18*

Wir haben nicht einen Hohenpriester, 918
der nicht könnte mit leiden mit unserer Schwachheit,
sondern der versucht worden ist in allem wie wir,
doch ohne Sünde. *Hebr 4,15*

Jesus hat, obwohl er Gottes Sohn war, 919
doch an dem, was er litt, Gehorsam gelernt. *Hebr 5,8*

Der Auftrag und die Vollmacht vom Vater

Dies ist mein lieber Sohn, 920
an dem ich Wohlgefallen habe. *Mt 3,17*

Was ist das für ein Mann, 921
daß ihm Wind und Meer gehorsam sind? *Mt 8,27*

Ich bin gekommen, die Sünder zu rufen 922
und nicht die Gerechten. *Mt 9,13*

923 Alle Dinge sind mir übergeben von meinem Vater;
und niemand kennt den Sohn als nur der Vater;
und niemand kennt den Vater als nur der Sohn
und wem es der Sohn offenbaren will. *Mt 11,27*

924 Der Menschensohn ist nicht gekommen,
daß er sich dienen lasse, sondern daß er diene
und gebe sein Leben zu einer Erlösung für viele.
Mt 20,28

925 Die Gesunden bedürfen des Arztes nicht,
sondern die Kranken.
Ich bin gekommen, die Sünder zur Buße zu rufen
und nicht die Gerechten. *Lk 5,32–33*

926 Der Menschensohn ist gekommen, zu suchen
und selig zu machen, was verloren ist. *Lk 19,10*

927 Gott hat seinen Sohn nicht gesandt in die Welt,
daß er die Welt richte,
sondern daß die Welt durch ihn gerettet werde.
Joh 3,17

928 Der, den Gott gesandt hat, redet Gottes Worte;
denn Gott gibt den Geist ohne Maß. *Joh 3,34*

929 Der Vater hat den Sohn lieb
und hat ihm alles in seine Hand gegeben. *Joh 3,35*

Der Vater richtet niemand, 930
sondern hat alles Gericht dem Sohn übergeben.
Joh 5,22

Wer den Sohn nicht ehrt, der ehrt den Vater nicht, 931
der ihn gesandt hat. *Joh 5,23*

Der Vater hat dem Sohn Vollmacht gegeben, 932
das Gericht zu halten, weil er der Menschensohn ist.
Joh 5,27

Das ist Gottes Werk, daß ihr an den glaubt, 933
den er gesandt hat. *Joh 6,29*

Es kann niemand zu mir kommen, es sei denn, 934
ihn ziehe der Vater, der mich gesandt hat. *Joh 6,44*

Meine Lehre ist nicht von mir, 935
sondern von dem, der mich gesandt hat. *Joh 7,16*

Ich bin zum Gericht in diese Welt gekommen, 936
damit, die nicht sehen, sehend werden,
und die sehen, blind werden. *Joh 9,39*

Niemand nimmt mein Leben von mir, 937
sondern ich selber lasse es.
Ich habe Macht, es zu lassen,
und habe Macht, es wiederzunehmen. *Joh 10,18*

938 Ich und der Vater sind eins. *Joh 10,30*

939 Vater, ich weiß, daß du mich allezeit hörst. *Joh 11,42*

940 Ich bin in die Welt gekommen als ein Licht,
damit, wer an mich glaubt, nicht in der Finsternis bleibe.
Joh 12,46

941 Wer mich sieht, der sieht den Vater. *Joh 14,9*

942 Die Worte, die ich rede, die rede ich nicht von mir aus.
Und der Vater, der in mir wohnt, der tut seine Werke.
Joh 14,10

943 Wer mich liebt, der wird von meinem Vater
geliebt werden,
und ich werde ihn lieben und mich ihm offenbaren.
Joh 14,21

944 Wer mich haßt, der haßt auch meinen Vater. *Joh 15,23*

945 Vater, du hast deinem Sohn Macht gegeben
über alle Menschen,
damit er das ewige Leben gebe allen,
die du ihm gegeben hast. *Joh 17,2*

946 Das ist das ewige Leben, daß sie dich,
der du allein wahrer Gott bist,
und den du gesandt hast, Jesus Christus, erkennen.
Joh 17,3

Vater, ich habe dich verherrlicht auf Erden 947
und das Werk vollendet, das du mir gegeben hast
daß ich es tue. *Joh 17,4*

Ich habe deinen Namen den Menschen offenbart, 948
die du mir aus der Welt gegeben hast.
Nun wissen sie, daß alles, was du mir gegeben hast,
von dir kommt. *Joh 17,7*

Vater, alles, was mein ist, ist dein, 949
und was dein ist, ist mein. *Joh 17,10*

Ich bin ein König. 950
Ich bin dazu geboren und in die Welt gekommen,
daß ich die Wahrheit bezeugen soll. *Joh 18,37*

Zu Pilatus: Du hättest keine Macht über mich, 951
wenn es dir nicht von oben her gegeben wäre. *Joh 19,11*

Das ist gewißlich wahr und ein Wort, 952
des Glaubens wert,
daß Christus Jesus in die Welt gekommen ist,
die Sünder selig zu machen. *1.Tim 1,15*

Dazu ist erschienen der Sohn Gottes, 953
daß er die Werke des Teufels zerstöre. *1.Joh 3,8*

Der Künder und Vollender des Reiches Gottes

954 Tut Buße, denn das Himmelreich ist nahe herbeigekommen! *Mt 4,17*

955 Dein Reich komme. *Mt 6,10*

956 Gleichnis vom Hausbau *Mt 7,24–27*

957 Wenn ich die bösen Geister durch
den Geist Gottes austreibe,
so ist ja das Reich Gottes zu euch gekommen.
Oder wie kann jemand in das Haus eines Starken
eindringen und ihm seinen Hausrat rauben,
wenn er nicht zuvor den Starken fesselt?
Erst dann kann er sein Haus berauben.
Mt 12,28–29

958 Gleichnis vom vierfachen Ackerfeld *Mt 13,3–9.18–23*

959 Gleichnis vom Senfkorn *Mt 13,31–32*

960 Gleichnis vom Sauerteig *Mt 13,33*

961 Gleichnis vom Unkraut unter dem Weizen *Mt 13,24–30.36–43*

962 Gleichnis vom Schatz im Acker *Mt 13,44*

Gleichnis von der kostbaren Perle *Mt 13,45* 963

Gleichnis vom Fischnetz *Mt 13,47–50* 964

Gleichnis vom Licht unter dem Scheffel *Mk 4,21* 965

Gleichnis vom Wachsen der Saat *Mk 4,26–29* 966

Wer seine Hand an den Pflug legt und sieht zurück, 967
der ist nicht geschickt für das Reich Gottes.
Lk 9,62

Es werden kommen von Osten und von Westen, 968
von Norden und von Süden,
die zu Tisch sitzen werden im Reich Gottes.
Lk 13,29

Das Reich Gottes kommt nicht so, daß man's 969
beobachten kann; man wird auch nicht sagen:
Siehe, hier ist es! oder: Da ist es!
Denn siehe, das Reich Gottes ist mitten unter euch.
Lk 17,20–21

Lasset die Kinder zu mir kommen 970
und wehret ihnen nicht,
denn solchen gehört das Reich Gottes. *Lk 18,16*

Die Jünger: Wer hat gesündigt, dieser oder 971
seine Eltern, daß er blind geboren ist?
Jesus: Es hat weder dieser gesündigt noch seine Eltern,

sondern es sollen die Werke Gottes
offenbar werden an ihm. *Joh 9,2–3*

972 Mein Reich ist nicht von dieser Welt.
Wäre mein Reich von dieser Welt,
meine Diener würden darum kämpfen,
daß ich nicht den Juden überantwortet würde.
Joh 18,36

973 Das Reich Gottes steht nicht in Worten,
sondern in Kraft. *1. Kor 4,20*

Der Ruf in die Nachfolge

974 Folgt mir nach! *Mt 4,19*

975 Wer meine Rede hört und tut sie,
der gleicht einem klugen Mann,
der sein Haus auf Fels baute. *Mt 7,24*

976 Einer unter den Jüngern sprach zu Jesus:
Herr, erlaube mir, daß ich zuvor hingehe
und meinen Vater begrabe.
Aber Jesus spricht zu ihm: Folge du mir
und laß die Toten ihre Toten begraben! *Mt 8,21–22*

977 Wer Vater oder Mutter mehr liebt als mich,
der ist meiner nicht wert;
und wer Sohn oder Tochter mehr liebt als mich,
der ist meiner nicht wert. *Mt 10,37*

Wer nicht sein Kreuz auf sich nimmt 978
und folgt mir nach,
der ist meiner nicht wert. *Mt 10,38*

Alles, was mir mein Vater gibt, das kommt zu mir; 979
und wer zu mir kommt,
den werde ich nicht hinausstoßen. *Joh 6,37*

Wer mir dienen will, der folge mir nach; 980
und wo ich bin, da soll mein Diener auch sein.
Und wer mir dienen wird, den wird mein Vater ehren.
Joh 12,26

Liebt ihr mich, so werdet ihr meine Gebote halten. 981
Joh 14,15

Niemand hat größere Liebe als die, 982
daß er sein Leben läßt für seine Freunde.
Ihr seid meine Freunde, wenn ihr tut,
was ich euch gebiete. *Joh 15,14*

Die »Ich-bin«-Worte Jesu

Ich bin das Brot des Lebens. 983
Wer zu mir kommt, den wird nicht hungern;
und wer an mich glaubt,
den wird nimmermehr dürsten. *Joh 6,35*

984 Ich bin das lebendige Brot,
das vom Himmel gekommen ist.
Wer von diesem Brot ißt, der wird leben in Ewigkeit.
Und dieses Brot ist mein Fleisch,
das ich geben werde für das Leben der Welt.
Joh 6,51

985 Ich bin das Licht der Welt.
Wer mir nachfolgt,
der wird nicht wandeln in der Finsternis,
sondern wird das Licht des Lebens haben. *Joh 8,12*

986 Ich bin die Tür;
wenn jemand durch mich hineingeht,
wird er selig werden und Weide finden. *Joh 10,9*

987 Ich bin der gute Hirte.
Der gute Hirte läßt sein Leben für die Schafe.
Joh 10,11

988 Ich bin der gute Hirte und kenne die Meinen,
und die Meinen kennen mich,
wie mich mein Vater kennt, und ich kenne den Vater.
Joh 10,14–15

989 Ich bin die Auferstehung und das Leben.
Wer an mich glaubt, der wird leben,
auch wenn er stirbt;
und wer da lebt und glaubt an mich,
der wird nimmermehr sterben. *Joh 11,25–26*

Ich bin der Weg, die Wahrheit und das Leben; 990
niemand kommt zum Vater denn durch mich.
Joh 14,6

Ich bin der Weinstock, ihr seid die Reben. 991
Wer in mir bleibt und ich in ihm,
der bringt viel Frucht;
denn ohne mich könnt ihr nichts tun. *Joh 15,5*

Die Einzigartigkeit Jesu

In keinem andern ist das Heil, 992
auch ist kein andrer Name unter dem Himmel
den Menschen gegeben,
durch den wir sollen selig werden. *Apg 4,12*

Es ist *ein* Gott und *ein* Mittler zwischen 993
Gott und den Menschen,
nämlich der Mensch Jesus Christus,
der sich selbst gegeben hat für alle zur Erlösung.
1.Tim 2,5–6

Das Leben aus Christus

Nehmt auf euch mein Joch und lernt von mir; 994
denn ich bin sanftmütig und von Herzen demütig;
so werdet ihr Ruhe finden für eure Seelen.
Denn mein Joch ist sanft,
und meine Last ist leicht. *Mt 11,29–30*

995 Im Anfang war das Wort,
und das Wort war bei Gott,
und Gott war das Wort.
Alle Dinge sind durch dasselbe gemacht,
und ohne dasselbe ist nichts gemacht,
was gemacht ist.
In ihm war das Leben,
und das Leben war das Licht der Menschen.
Und das Licht scheint in der Finsternis,
und die Finsternis hat's nicht ergriffen.
Das war das wahre Licht, das alle Menschen erleuchtet,
die in diese Welt kommen. *Joh 1,1.3–5.9*

996 Er war in der Welt,
und die Welt ist durch ihn gemacht;
aber die Welt erkannte ihn nicht.
Er kam in sein Eigentum;
und die Seinen nahmen ihn nicht auf.
Wie viele ihn aber aufnahmen,
denen gab er Macht, Gottes Kinder zu werden,
denen, die an seinen Namen glauben,
die nicht aus dem Blut noch aus dem Willen
eines Mannes,
sondern von Gott geboren sind. *Joh 1,10–13*

997 Von seiner Fülle haben wir alle genommen
Gnade um Gnade. *Joh 1,16*

998 Das Gesetz ist durch Mose gegeben;
die Gnade und Wahrheit ist durch Jesus Christus
geworden. *Joh 1,17*

Wer von dem Wasser trinken wird, das ich ihm gebe, 999
den wird in Ewigkeit nicht dürsten,
sondern das Wasser, das ich ihm geben werde,
das wird in ihm eine Quelle des Wassers werden,
das in das ewige Leben quillt. *Joh 4,14*

Meine Schafe hören meine Stimme, und ich kenne sie, 1000
und sie folgen mir, und ich gebe ihnen das ewige Leben,
und sie werden nimmermehr umkommen,
und niemand wird sie aus meiner Hand reißen.
Joh 10,27–28

Glaubt an das Licht, solange ihr's habt, 1001
damit ihr Kinder des Lichtes werdet. *Joh 12,36*

Wer an mich glaubt, der wird die Werke auch tun, 1002
die ich tue,
und er wird noch größere als diese tun;
denn ich gehe zum Vater. *Joh 14,12*

Wer mich liebt, der wird mein Wort halten; 1003
und mein Vater wird ihn lieben,
und wir werden zu ihm kommen
und Wohnung bei ihm nehmen. *Joh 14,23*

Ich heilige mich selbst für sie, 1004
damit auch sie geheiligt seien in der Wahrheit.
Joh 17,19

1005 Christus Jesus ist uns von Gott gemacht
zur Weisheit und zur Gerechtigkeit
und zur Heiligung und zur Erlösung. *1.Kor 1,30*

1006 Auf alle Gottesverheißungen ist in Jesus Christus das Ja.
2.Kor 1,20

1007 Es hat Gott wohlgefallen,
daß in Christus alle Fülle wohnen sollte. *Kol 1,19*

1008 In Christus liegen verborgen alle Schätze
der Weisheit und der Erkenntnis. *Kol 2,3*

1009 In Christus wohnt die ganze Fülle der Gottheit leibhaftig,
und an dieser Fülle habt ihr teil in ihm.
Kol 2,9–10

1010 Jesus ist für alle, die ihm gehorsam sind,
der Urheber des ewigen Heils geworden. *Hebr 5,9*

Die Verbindung zwischen Jesus und den Seinen

1011 Wer den Willen tut meines Vaters im Himmel,
der ist mir Bruder und Schwester und Mutter.
Mt 12,50

1012 Siehe, ich bin bei euch alle Tage bis an der Welt Ende.
Mt 28,20

Johannes der Täufer: Er muß wachsen, 1013
ich aber muß abnehmen. *Joh 3,30*

Ich bin der wahre Weinstock, 1014
und mein Vater der Weingärtner.
Eine jede Rebe an mir, die keine Frucht bringt,
wird er wegnehmen;
und eine jede, die Frucht bringt, wird er reinigen,
daß sie mehr Frucht bringe. *Joh 15,1–2*

Wie mich mein Vater liebt, so liebe ich euch auch. 1015
Bleibt in meiner Liebe! *Joh 15,9*

Ich sage hinfort nicht, daß ihr Knechte seid; 1016
denn ein Knecht weiß nicht, was sein Herr tut.
Euch aber habe ich gesagt, daß ihr Freunde seid.
Joh 15,15

Weil sie alle von *einem* kommen, beide, 1017
der heiligt und die geheiligt werden,
darum schämt sich Jesus auch nicht,
sie Brüder zu nennen. *Hebr 2,11*

Die Ablehnung des Gottessohnes

Ihr sollt nicht meinen, daß ich gekommen bin, 1018
Frieden zu bringen auf die Erde.
Ich bin nicht gekommen, Frieden zu bringen,
sondern das Schwert. *Mt 10,34*

Selig ist, wer sich nicht an mir ärgert. *Mt 11,6* 1019

1020 Wer nicht mit mir ist, der ist gegen mich,
und wer nicht mit mir sammelt, der zerstreut.
Mt 12,30

1021 Ein böses und abtrünniges Geschlecht fordert ein Zeichen,
aber es wird ihm kein Zeichen gegeben werden,
es sei denn das Zeichen des Propheten Jona.
Denn wie Jona drei Tage und drei Nächte
im Bauch des Fisches war,
so wird der Menschensohn drei Tage und drei Nächte
im Schoß der Erde sein.
Die Leute von Ninive werden auftreten
beim Jüngsten Gericht mit diesem Geschlecht
und werden es verdammen;
denn sie taten Buße nach der Predigt des Jona.
Und siehe, hier ist mehr als Jona.
Die Königin vom Süden wird auftreten
beim Jüngsten Gericht mit diesem Geschlecht
und wird es verdammen;
denn sie kam vom Ende der Erde,
um Salomos Weisheit zu hören.
Und siehe, hier ist mehr als Salomo. *Mt 12,39–42*

1022 Gleichnis von den bösen Weingärtnern
Mt 21,33–41

1023 Wer an den Sohn glaubt, der wird nicht gerichtet;
wer aber nicht glaubt, der ist schon gerichtet;
denn er glaubt nicht an den Namen
des eingeborenen Sohnes Gottes. *Joh 3,18*

Das ist das Gericht, 1024
daß das Licht in die Welt gekommen ist,
und die Menschen liebten die Finsternis
mehr als das Licht. *Joh 3,19*

Wer dem Sohn nicht gehorsam ist, 1025
der wird das Leben nicht sehen,
sondern der Zorn Gottes bleibt über ihm. *Joh 3,36*

Ich bin gekommen in meines Vaters Namen, 1026
und ihr nehmt mich nicht an.
Wenn ein anderer kommen wird in seinem
eigenen Namen,
den werdet ihr annehmen. *Joh 5,43*

Das Versöhnungswerk Christi

Als sie kamen an die Stätte, die da heißt Schädelstätte, 1027
kreuzigten sie ihn dort und die Übeltäter mit ihm,
einen zur Rechten und einen zur Linken.
Jesus aber sprach: Vater, vergib ihnen;
denn sie wissen nicht, was sie tun! *Lk 23,33–34*

Siehe, das ist Gottes Lamm, das der Welt Sünde trägt! 1028
Joh 1,29

Also hat Gott die Welt geliebt, 1029
daß er seinen eingeborenen Sohn gab,
damit alle, die an ihn glauben, nicht verloren werden,
sondern das ewige Leben haben. *Joh 3,16*

1030 Es ist besser für euch, *ein* Mensch sterbe für das Volk,
als daß das ganze Volk verderbe. *Joh 11,50*

1031 Als nun Jesus den Essig genommen hatte, sprach er:
Es ist vollbracht! und neigte das Haupt und verschied.
Joh 19,30

1032 Es war an der Stätte, wo Jesus gekreuzigt wurde,
ein Garten und im Garten ein neues Grab,
in das noch nie jemand gelegt worden war.
Dahin legten sie Jesus. *Joh 19,41–42*

1033 Wie nun durch die Sünde des Einen die Verdammnis
über alle Menschen gekommen ist,
so ist auch durch die Gerechtigkeit des Einen
für alle Menschen die Rechtfertigung gekommen,
die zum Leben führt. *Röm 5,18*

1034 Wir haben ein Passalamm, das ist Christus,
der geopfert ist. *1.Kor 5,7*

1035 Gott war in Christus und versöhnte die Welt
mit sich selber und rechnete ihnen ihre Sünden nicht zu
und hat unter uns aufgerichtet
das Wort von der Versöhnung. *2.Kor 5,19*

1036 Gott hat den, der von keiner Sünde wußte,
für uns zur Sünde gemacht,
damit wir in ihm die Gerechtigkeit würden,
die vor Gott gilt. *2.Kor 5,21*

Unser Herr Jesus Christus hat sich selbst 1037
für unsre Sünden dahingegeben,
daß er uns errette
von dieser gegenwärtigen, bösen Welt. *Gal 1,3–4*

Ich werfe nicht weg die Gnade Gottes; 1038
denn wenn die Gerechtigkeit durch das Gesetz kommt,
so ist Christus vergeblich gestorben. *Gal 2,21*

Christus hat uns erlöst von dem Fluch des Gesetzes, 1039
da er zum Fluch wurde für uns. *Gal 3,13*

In Christus Jesus seid ihr, die ihr einst Ferne wart, 1040
Nahe geworden durch das Blut Christi. *Eph 2,13*

Gott hat durch Christus alles mit sich versöhnt, 1041
es sei auf Erden oder im Himmel. *Kol 1,20*

Gott hat den Schuldbrief getilgt, 1042
der mit seinen Forderungen gegen uns war,
und hat ihn weggetan
und an das Kreuz geheftet. *Kol 2,14*

Christus hat sich selbst für uns gegeben, 1043
damit er uns erlöste von aller Ungerechtigkeit
und reinigte sich selbst ein Volk zum Eigentum,
das eifrig wäre zu guten Werken. *Tit 2,14*

1044 Ihr wißt, daß ihr nicht mit vergänglichem
Silber oder Gold erlöst seid von eurem
nichtigen Wandel nach der Väter Weise,
sondern mit dem teuren Blut Christi
als eines unschuldigen und unbefleckten Lammes.
1. Petr 1,18–19

1045 Christus hat unsre Sünde selbst hinaufgetragen
an seinem Leibe auf das Holz, damit wir,
der Sünde abgestorben, der Gerechtigkeit leben.
Durch seine Wunden seid ihr heil geworden.
1. Petr 2,24

1046 Das Blut Jesu, des Sohnes Gottes, macht uns rein
von aller Sünde. *1. Joh 1,7*

1047 Jesus ist die Versöhnung für die Sünden
der ganzen Welt. *1. Joh 2,2*

1048 Jesus erlöste die, die durch Furcht vor dem Tod
im ganzen Leben Knechte sein mußten. *Hebr 2,15*

1049 Christus ist durch sein eigenes Blut
ein für allemal in das Heiligtum eingegangen
und hat eine ewige Erlösung erworben. *Hebr 9,12*

Wie den Menschen bestimmt ist, *einmal* zu sterben, 1050
danach aber das Gericht:
so ist auch Christus *einmal* geopfert worden,
die Sünden vieler wegzunehmen;
zum zweitenmal wird er nicht der Sünde wegen erscheinen,
sondern, denen, die auf ihn warten, zum Heil.
Hebr 9,27–28

Mit *einem* Opfer hat Christus für immer die vollendet, 1051
die geheiligt werden. *Hebr 10,14*

Die Auferstehung Christi

Der Engel sprach zu den Frauen: 1052
Fürchtet euch nicht!
Ich weiß, daß ihr Jesus, den Gekreuzigten, sucht.
Er ist nicht hier;
er ist auferstanden, wie er gesagt hat. *Mt 28,5–6*

Was sucht ihr den Lebenden bei den Toten? 1053
Er ist nicht hier, er ist auferstanden. *Lk 24,5–6*

Dazu ist Christus gestorben 1054
und wieder lebendig geworden,
daß er über Tote und Lebende Herr sei. *Röm 14,9*

Christus ist der Anfang, 1055
der Erstgeborene von den Toten,
damit er in allem der Erste sei. *Kol 1,18*

1056 Mit Christus seid ihr begraben worden durch die Taufe;
mit ihm seid ihr auch auferstanden
durch den Glauben aus der Kraft Gottes,
der ihn auferweckt hat von den Toten. *Kol 2,12*

1057 Seid ihr nun mit Christus auferstanden,
so sucht, was droben ist, wo Christus ist. *Kol 3,1*

1058 Christus Jesus hat dem Tode die Macht genommen
und das Leben und ein unvergängliches Wesen
ans Licht gebracht durch das Evangelium.
2.Tim 1,10

1059 Ich bin der Erste und der Letzte und der Lebendige.
Ich war tot, und siehe, ich bin lebendig
von Ewigkeit zu Ewigkeit. *Offb 1,17–18*

Die Himmelfahrt Christi

1060 Wenn ich erhöht werde von der Erde,
so will ich sie alle zu mir ziehen. *Joh 12,32*

1061 Ich bin vom Vater ausgegangen
und in die Welt gekommen;
ich verlasse die Welt wieder und gehe zum Vater.
Joh 16,28

1062 Jesus wurde zusehends aufgehoben,
und eine Wolke nahm ihn auf vor ihren Augen weg.
Apg 1,9

Als die Jünger Jesus nachsahen, wie er gen Himmel fuhr, *1063*
siehe da standen bei ihnen zwei Männer
in weißen Gewändern.
Die sagten: Ihr Männer von Galiläa,
was steht ihr da und seht zum Himmel?
Dieser Jesus, der von euch weg
gen Himmel aufgenommen wurde,
wird so wiederkommen, wie ihr ihn habt gen Himmel
fahren sehen. *Apg 1,10–11*

Jesus muß der Himmel aufnehmen bis zu der Zeit, *1064*
in der alles wiedergebracht wird,
wovon Gott geredet hat durch den Mund
seiner heiligen Propheten von Anbeginn. *Apg 3,21*

Groß ist das Geheimnis des Glaubens: *1065*
Christus ist offenbart im Fleisch,
gerechtfertigt im Geist,
erschienen den Engeln,
geglaubt in der Welt,
aufgenommen in die Herrlichkeit. *1.Tim 3,16*

Jesus Christus ist zur Rechten Gottes, *1066*
aufgefahren gen Himmel,
und es sind ihm untertan die Engel
und die Gewaltigen und die Mächte. *1.Petr 3,22*

Der Sohn hat sich gesetzt zur Rechten der Majestät *1067*
in der Höhe. *Hebr 1,3*

Die Wiederkunft Christi

1068 Sogleich nach der Bedrängnis jener Zeit
wird die Sonne sich verfinstern
und der Mond seinen Schein verlieren,
und die Sterne werden vom Himmel fallen,
und die Kräfte der Himmel werden ins Wanken kommen.
Und dann wird erscheinen das Zeichen
des Menschensohns am Himmel.
Und dann werden wehklagen alle Geschlechter auf Erden
und werden sehen den Menschensohn
kommen auf den Wolken des Himmels
mit großer Kraft und Herrlichkeit. *Mt 24,29–30*

1069 Von dem Tage aber und von der Stunde weiß niemand,
auch die Engel im Himmel nicht,
auch der Sohn nicht, sondern allein der Vater.
Mt 24,36

1070 Wie der Blitz aufblitzt und leuchtet
von einem Ende des Himmels bis zum andern,
so wird der Menschensohn an seinem Tage sein.
Lk 17,24

1071 Siehe, er kommt mit den Wolken,
und es werden ihn sehen alle Augen
und alle, die ihn durchbohrt haben. *Offb 1,7*

1072 Es spricht, der dies bezeugt:
Ja, ich komme bald. *Offb 22,20*

Die Herrschaft Christi

Mir ist gegeben alle Gewalt im Himmel und 1073
auf Erden. *Mt 28,18*

Wenn alles dem Sohn untertan sein wird, 1074
dann wird auch der Sohn selbst untertan sein dem,
der ihm alles unterworfen hat,
damit Gott sei alles in allem. *1.Kor 15,28*

Christus ist eingesetzt zur Rechten Gottes im Himmel 1075
über alle Reiche, Gewalt, Macht, Herrschaft,
und alles, was sonst einen Namen hat,
nicht allein in dieser Welt,
sondern auch in der zukünftigen.
Und Gott hat alles unter seine Füße getan.
Eph 1,20–22

Gott hat Jesus erhöht 1076
und hat ihm den Namen gegeben,
der über alle Namen ist,
daß in dem Namen Jesu sich beugen sollen
aller derer Knie, die im Himmel und auf Erden
und unter der Erde sind. *Phil 2,9–10*

Alle Zungen sollen bekennen, 1077
daß Jesus Christus der Herr ist,
zur Ehre Gottes, des Vaters. *Phil 2,11*

1078 Der Sohn ist vor allem, und es besteht alles in ihm.
Kol 1,17

1079 Gott hat den Sohn eingesetzt zum Erben über alles.
Hebr 1,2

1080 Der Sohn trägt alle Dinge mit seinem kräftigen Wort.
Hebr 1,3

1081 Jesus Christus gestern und heute
und derselbe auch in Ewigkeit. *Hebr 13,8*

1082 Jesus Christus ist der Herr über die Könige auf Erden.
Offb 1,5

1083 Ich habe die Schlüssel des Todes und der Hölle.
Offb 1,18

Der Heilige Geist und sein Werk

Wesen und Auftrag des Heiligen Geistes

Alle Sünde und Lästerung wird den Menschen vergeben; *1084*
aber die Lästerung gegen den Geist
wird nicht vergeben. *Mt 12,31*

Wer etwas redet gegen den Menschensohn, *1085*
dem wird es vergeben;
aber wer etwas redet gegen den heiligen Geist,
dem wird's nicht vergeben,
weder in dieser noch in jener Welt. *Mt 12,32*

Der Wind bläst, wo er will, *1086*
und du hörst sein Sausen wohl;
aber du weißt nicht, woher er kommt und wohin er fährt.
So ist es bei jedem, der aus dem Geist geboren ist.
Joh 3,8

Der Geist ist's, der lebendig macht; *1087*
das Fleisch ist nichts nütze.
Die Worte, die ich zu euch geredet habe,
die sind Geist und Leben. *Joh 6,63*

1088 Ich will den Vater bitten,
und er wird euch einen andern Tröster geben,
daß er bei euch sei in Ewigkeit: den Geist der Wahrheit,
den die Welt nicht empfangen kann. *Joh 14,16–17*

1089 Der Tröster, der heilige Geist,
den mein Vater senden wird in meinem Namen,
der wird euch alles lehren
und euch an alles erinnern, was ich euch gesagt habe.
Joh 14,26

1090 Wenn der Tröster kommen wird,
den ich euch senden werde vom Vater,
der wird Zeugnis geben von mir. *Joh 15,26*

1091 Wenn der Tröster kommt,
wird er der Welt die Augen auftun
über die Sünde und über die Gerechtigkeit
und über das Gericht;
über die Sünde: daß sie nicht an mich glauben;
über die Gerechtigkeit: daß ich zum Vater gehe
und ihr mich hinfort nicht seht;
über das Gericht: daß der Fürst dieser Welt gerichtet ist.
Joh 16,8–11

1092 Der Geist der Wahrheit wird euch in alle Wahrheit leiten.
Joh 16,13

1093 Als der Pfingsttag gekommen war,
waren sie alle an *einem* Ort beieinander.
Und es geschah plötzlich ein Brausen vom Himmel
wie von einem gewaltigen Wind
und erfüllte das ganze Haus, in dem sie saßen.

Und es erschienen ihnen Zungen zerteilt,
wie von Feuer;
und er setzte sich auf einen jeden von ihnen,
und sie wurden alle erfüllt von dem heiligen Geist
und fingen an, zu predigen in andern Sprachen,
wie der Geist ihnen gab auszusprechen.
Apg 2,1–4

Jesus hat den heiligen Geist ausgegossen. *Apg 2,33* 1094

Welche der Geist Gottes treibt, die sind Gottes Kinder. 1095
Röm 8,14

Wir haben nicht empfangen den Geist der Welt, 1096
sondern den Geist aus Gott, daß wir wissen können,
was uns von Gott geschenkt ist. *1. Kor 2,12*

Der natürliche Mensch vernimmt nichts 1097
vom Geist Gottes;
es ist ihm eine Torheit, und er kann es nicht erkennen.
1. Kor 2,14

Der Herr ist der Geist; 1098
wo aber der Geist des Herrn ist, da ist Freiheit.
2. Kor 3,17

Ihr seid, als ihr gläubig wurdet, versiegelt worden 1099
mit dem heiligen Geist. *Eph 1,13*

Der heilige Geist ist das Unterpfand unsres Erbes. 1100
Eph 1,14

1101 Betrübt nicht den heiligen Geist Gottes,
mit dem ihr versiegelt seid für den Tag der Erlösung.
Eph 4,30

1102 Gott hat uns nicht gegeben den Geist der Furcht,
sondern der Kraft und der Liebe und der Besonnenheit.
2.Tim 1,7

1103 Daran erkennen wir, daß wir in ihm bleiben
und er in uns,
daß er uns von seinem Geist gegeben hat. *1.Joh 4,13*

Das Wirken des Heiligen Geistes

Sündenerkenntnis und Buße

1104 Seht zu, bringt rechtschaffene Frucht der Buße!
Mt 3,8

1105 Vergib uns unsere Schuld,
wie auch wir vergeben unsern Schuldigern.
Mt 6,12

1106 Was zum Mund hineingeht,
das macht den Menschen nicht unrein;
sondern was aus dem Mund herauskommt,
das macht den Menschen unrein. *Mt 15,11*

1107 Aus dem Herzen kommen böse Gedanken, Mord,
Ehebruch, Unzucht, Diebstahl,
falsches Zeugnis, Lästerung.
Das sind die Dinge, die den Menschen unrein machen.
Mt 15,19–20

Gleichnis vom Schalksknecht *Mt 18,23–34* *1108*

Wem wenig vergeben wird, der liebt wenig. *Lk 7,47* *1109*

Wer Böses tut, der haßt das Licht *1110*
und kommt nicht zu dem Licht,
damit seine Werke nicht aufgedeckt werden.
Wer aber die Wahrheit tut, der kommt zu dem Licht,
damit offenbar wird, daß seine Werke in Gott getan sind.
Joh 3,20–21

Wer unter euch ohne Sünde ist, *1111*
der werfe den ersten Stein auf sie (die Ehebrecherin).
Joh 8,7

Wärt ihr blind, so hättet ihr keine Sünde; *1112*
weil ihr aber sagt: Wir sind sehend,
bleibt eure Sünde. *Joh 9,41*

Tut Buße, und jeder von euch lasse sich taufen *1113*
auf den Namen Jesu Christi
zur Vergebung eurer Sünden. *Apg 2,38*

Obwohl die Menschen von Gott wußten, *1114*
haben sie ihn nicht als Gott gepriesen
noch ihm gedankt,
sondern sind dem Nichtigen verfallen in ihren Gedanken,
und ihr unverständiges Herz ist verfinstert.
Da sie sich für Weise hielten, sind sie zu Narren geworden.
Röm 1,21–22

1115 Wenn Heiden, die das Gesetz nicht haben,
doch von Natur tun, was das Gesetz fordert,
so beweisen sie damit, daß in ihr Herz geschrieben ist,
was das Gesetz fordert,
zumal ihr Gewissen es ihnen bezeugt,
dazu auch die Gedanken, die einander anklagen
oder auch entschuldigen. *Röm 2,14–15*

1116 Durch das Gesetz kommt Erkenntnis der Sünde.
Röm 3,20

1117 Es ist hier kein Unterschied:
Sie sind allesamt Sünder und ermangeln des Ruhmes,
den sie bei Gott haben sollten,
und werden ohne Verdienst gerecht durch die Erlösung,
die durch Jesus Christus geschehen ist.
Röm 3,22–24

1118 Laßt euch nicht irreführen!
Weder Unzüchtige noch Götzendiener,
Ehebrecher, Lustknaben, Knabenschänder, Diebe,
Geizige, Trunkenbolde, Lästerer oder Räuber
werden das Reich Gottes ererben. *1.Kor 6,9*

1119 Die Traurigkeit nach Gottes Willen wirkt
zur Seligkeit eine Reue, die niemand reut;
die Traurigkeit der Welt aber wirkt den Tod.
2.Kor 7,10

Ihr habt früher gelebt nach der Art dieser Welt 1120
unter dem Mächtigen, der in der Luft herrscht,
nämlich dem Geist, der zu dieser Zeit am Werk ist
in den Kindern des Ungehorsams. *Eph 2,2*

Legt von euch ab den alten Menschen 1121
mit seinem früheren Wandel,
der sich durch trügerische Begierden zugrunde richtet.
Eph 4,22

Legt ab von euch: Zorn, Grimm, Bosheit, 1122
Lästerung, schandbare Worte aus eurem Munde.
Kol 3,8

Es ist genug, daß ihr die vergangene Zeit 1123
zugebracht habt nach heidnischem Willen.
1. Petr 4,3

Wenn wir sagen, wir haben keine Sünde, 1124
so betrügen wir uns selbst,
und die Wahrheit ist nicht in uns. *1. Joh 1,8*

Wenn wir unsre Sünden bekennen, 1125
so ist er treu und gerecht,
daß er uns die Sünden vergibt
und reinigt uns von aller Ungerechtigkeit.
1. Joh 1,9

Wenn jemand sündigt, 1126
so haben wir einen Fürsprecher bei dem Vater,
Jesus Christus, der gerecht ist. *1. Joh 2,1*

1127 Wenn uns unser Herz verdammt,
ist Gott größer als unser Herz
und erkennt alle Dinge. *1. Joh 3,20*

Der Ruf zur Umkehr

1128 Geht hinein durch die enge Pforte.
Denn die Pforte ist weit, und der Weg ist breit,
der zur Verdammnis führt, und viele sind's,
die auf ihm hineingehen.
Wie eng ist die Pforte und wie schmal der Weg,
der zum Leben führt, und wenige sind's,
die ihn finden! *Mt 7,13–14*

1129 Was hülfe es dem Menschen,
wenn er die ganze Welt gewönne
und nähme doch Schaden an seiner Seele?
Oder was kann der Mensch geben,
womit er seine Seele auslöse? *Mt 16,26*

1130 Gleichnis vom verlorenen Schaf *Mt 18,12–13*

1131 Willst du vollkommen sein, so geh hin,
verkaufe, was du hast, und gib's den Armen,
so wirst du einen Schatz im Himmel haben,
und komm und folge mir nach! *Mt 19,21*

1132 Gleichnis von der königlichen Hochzeit *Mt 22,2–13*

1133 Gleichnis vom großen Abendmahl *Lk 14,15–24*

Gleichnis vom verlorenen Groschen *Lk 15,8–9* 1134

Es wird Freude sein vor den Engeln Gottes 1135
über *einen* Sünder, der Buße tut. *Lk 15,10*

Gleichnis vom verlorenen Sohn *Lk 15,11–32* 1136

Laßt euch erretten aus diesem verkehrten Geschlecht! 1137
Apg 2,40

Wir sind Botschafter an Christi Statt, 1138
denn Gott ermahnt durch uns;
so bitten wir nun an Christi Statt:
Laßt euch versöhnen mit Gott! *2. Kor 5,20*

Naht euch zu Gott, so naht er sich zu euch. 1139
Jak 4,8

Siehe, ich stehe vor der Tür und klopfe an. 1140
Offb 3,20

Fleisch und Geist

Was vom Fleisch geboren ist, das ist Fleisch, 1141
und was vom Geist geboren ist, das ist Geist.
Joh 3,6

Wollen habe ich wohl, 1142
aber das Gute vollbringen kann ich nicht.
Denn das Gute, das ich will, das tue ich nicht;
sondern das Böse, das ich nicht will, das tue ich.
Ich elender Mensch!

Wer wird mich erlösen von diesem todverfallenen Leibe?
Röm 7,18–19.24

1143 Fleischlich gesinnt sein ist Feindschaft gegen Gott,
weil das Fleisch dem Gesetz Gottes nicht untertan ist;
denn es vermag's auch nicht.
Die aber fleischlich sind, können Gott nicht gefallen.
Röm 8,7–8

1144 Ihr seid nicht fleischlich, sondern geistlich,
wenn der Geist Gottes in euch wohnt.
Wer aber Christi Geist nicht hat, der ist nicht sein.
Röm 8,9

1145 Lebt im Geist, so werdet ihr die Begierden
des Fleisches nicht vollbringen.
Denn das Fleisch begehrt auf gegen den Geist
und der Geist gegen das Fleisch;
die sind gegeneinander. *Gal 5,16–17*

1146 Offenkundig sind die Werke des Fleisches,
als da sind: Unzucht, Unreinheit, Ausschweifung,
Götzendienst, Zauberei, Feindschaft, Hader,
Eifersucht, Zorn, Zank, Zwietracht, Spaltungen, Neid,
Saufen, Fressen und dergleichen.
Die solches tun, werden das Reich Gottes nicht erben.
Gal 5,19–21

1147 Wer auf sein Fleisch sät,
der wird von dem Fleisch das Verderben ernten;
wer aber auf den Geist sät,
der wird von dem Geist das ewige Leben ernten.
Gal 6,8

Der Glaube an Jesus

Wer da glaubt und getauft wird, der wird selig werden; 1148
wer aber nicht glaubt, der wird verdammt werden.
Mk 16,16

Wer an den Sohn glaubt, der hat das ewige Leben. 1149
Joh 3,36

Wen da dürstet, der komme zu mir und trinke! 1150
Wer an mich glaubt, wie die Schrift sagt,
von dessen Leibe werden Ströme lebendigen
Wassers fließen. *Joh 7,37–38*

Weil du mich gesehen hast, Thomas, darum glaubst du. 1151
Selig sind, die nicht sehen und doch glauben!
Joh 20,29

Glaube an den Herrn Jesus, 1152
so wirst du und dein Haus selig! *Apg 16,31*

Dem, der nicht mit Werken umgeht, 1153
glaubt aber an den, der die Gottlosen gerecht macht,
dem wird sein Glaube gerechnet zur Gerechtigkeit.
Röm 4,5

Da wir nun gerecht geworden sind durch den Glauben, 1154
haben wir Frieden mit Gott durch unsern Herrn
Jesus Christus. *Röm 5,1*

1155 Wenn du mit deinem Munde bekennst,
daß Jesus der Herr ist, und in deinem Herzen glaubst,
daß ihn Gott von den Toten auferweckt hat,
so wirst du gerettet. *Röm 10,9*

1156 Den Glauben, den du hast,
behalte bei dir selbst vor Gott.
Selig ist, der sich nicht selbst zu verurteilen braucht,
wenn er sich prüft. *Röm 14,22*

1157 Was nicht aus dem Glauben kommt, das ist Sünde.
Röm 14,23

1158 Erforscht euch selbst, ob ihr im Glauben steht;
prüft euch selbst! *2.Kor 13,5*

1159 Der Glaube ist nicht jedermanns Ding. *2.Thess 3,2*

1160 Ihr habt Jesus nicht gesehen und habt ihn doch lieb;
und nun glaubt ihr an ihn. *1.Petr 1,8*

1161 Alles, was von Gott geboren ist, überwindet die Welt;
und unser Glaube ist der Sieg,
der die Welt überwunden hat. *1.Joh 5,4*

1162 Der Glaube ist eine feste Zuversicht auf das,
was man hofft,
und ein Nichtzweifeln an dem,
was man nicht sieht. *Hebr 11,1*

Ohne Glauben ist's unmöglich, Gott zu gefallen; 1163
denn wer zu Gott kommen will, der muß glauben,
daß er ist und daß er denen, die ihn suchen,
ihren Lohn gibt. *Hebr 11,6*

Ein Zweifler ist unbeständig auf allen seinen Wegen. 1164
Jak 1,8

Wiedergeburt und Kindschaft

Es sei denn, daß jemand von neuem geboren werde, 1165
so kann er das Reich Gottes nicht sehen. *Joh 3,3*

Es sei denn, daß jemand geboren werde 1166
aus Wasser und Geist,
so kann er nicht in das Reich Gottes kommen.
Joh 3,5

Der Sünde Sold ist der Tod; 1167
die Gabe Gottes aber ist das ewige Leben
in Christus Jesus, unserm Herrn. *Röm 6,23*

Ihr habt nicht einen knechtischen Geist empfangen, 1168
daß ihr euch abermals fürchten müßtet;
sondern ihr habt einen kindlichen Geist empfangen,
durch den wir rufen: Abba, lieber Vater! *Röm 8,15*

Der Geist selbst gibt Zeugnis unserm Geist, 1169
daß wir Gottes Kinder sind. *Röm 8,16*

1170 Sind wir Kinder, so sind wir auch Erben,
nämlich Gottes Erben und Miterben Christi.
Röm 8,17

1171 Ihr seid alle durch den Glauben Gottes Kinder
in Christus Jesus. *Gal 3,26*

1172 Gelobt sei Gott, der Vater unseres Herrn Jesus Christus,
der uns nach seiner großen Barmherzigkeit
wiedergeboren hat zu einer lebendigen Hoffnung
durch die Auferstehung Jesu Christi von den Toten.
1. Petr 1,3

1173 Ihr seid wiedergeboren nicht aus vergänglichem,
sondern aus unvergänglichem Samen,
nämlich aus dem lebendigen Wort Gottes, das da bleibt.
1. Petr 1,23

1174 Seht, welch eine Liebe hat uns der Vater erwiesen,
daß wir Gottes Kinder heißen sollen
– und wir sind es auch! *1. Joh 3,1*

1175 Er hat uns geboren nach seinem Willen
durch das Wort der Wahrheit,
damit wir Erstlinge seiner Geschöpfe seien.
Jak 1,18

Gesetz und Gnade

1176 Wenn eure Gerechtigkeit nicht besser ist
als die der Schriftgelehrten und Pharisäer,
so werdet ihr nicht in das Himmelreich kommen.
Mt 5,20

So halten wir nun dafür, daß der Mensch 1177
gerecht wird ohne des Gesetzes Werke,
allein durch den Glauben. *Röm 3,28*

Die Sünde wird nicht herrschen können über euch, 1178
weil ihr ja nicht unter dem Gesetz seid,
sondern unter der Gnade. *Röm 6,14*

So gibt es nun keine Verdammnis für die, 1179
die in Christus Jesus sind.
Denn das Gesetz des Geistes,
der lebendig macht in Christus Jesus,
hat dich frei gemacht von dem Gesetz der Sünde
und des Todes. *Röm 8,1–2*

Christus ist des Gesetzes Ende; 1180
wer an den glaubt, der ist gerecht. *Röm 10,4*

Ich bin durchs Gesetz dem Gesetz gestorben, 1181
damit ich Gott lebe.
Ich bin mit Christus gekreuzigt. *Gal 2,19*

Habt ihr den Geist empfangen durch des Gesetzes Werke 1182
oder durch die Predigt vom Glauben?
Im Geist habt ihr angefangen,
wollt ihr's denn nun im Fleisch vollenden?
Gal 3,2–3

1183 Das Gesetz ist unser Zuchtmeister gewesen
auf Christus hin,
damit wir durch den Glauben gerecht würden.
Nachdem aber der Glaube gekommen ist,
sind wir nicht mehr unter dem Zuchtmeister.
Gal 3,24–25

1184 Regiert euch der Geist,
so seid ihr nicht unter dem Gesetz. *Gal 5,18*

1185 Aus Gnaden seid ihr selig geworden durch Glauben,
und das nicht aus euch:
Gottes Gabe ist es, nicht aus Werken,
damit sich nicht jemand rühme. *Eph 2,8–9*

Von der Knechtschaft zur Freiheit

1186 Wenn ihr bleiben werdet an meinem Wort,
so seid ihr wahrhaftig meine Jünger
und werdet die Wahrheit erkennen,
und die Wahrheit wird euch frei machen.
Joh 8,31–32

1187 Wer Sünde tut, der ist der Sünde Knecht. *Joh 8,35*

1188 Wenn euch der Sohn frei macht, so seid ihr wirklich frei.
Joh 8,36

1189 Warum versucht ihr Gott dadurch,
daß ihr ein Joch auf den Nacken der Jünger legt,
das weder unsre Väter noch wir haben tragen können?
Vielmehr glauben wir, durch die Gnade des Herrn Jesus
selig zu werden, ebenso wie auch sie. *Apg 15,10–11*

Es gefällt dem heiligen Geist und uns, 1190
euch weiter keine Last aufzuerlegen als
nur diese notwendigen Dinge:
daß ihr euch enthaltet vom Götzenopfer und vom Blut
und vom Erstickten und von Unzucht.
Wenn ihr euch davor bewahrt, tut ihr recht.
Apg 15,28–29

Alles ist mir erlaubt, aber nicht alles dient zum Guten. 1191
Alles ist mir erlaubt,
aber es soll mich nichts gefangennehmen. *1. Kor 6,12*

Ihr seid teuer erkauft; 1192
werdet nicht der Menschen Knechte. *1. Kor 7,23*

Nachdem ihr Gott erkannt habt, 1193
ja vielmehr von Gott erkannt seid,
wie wendet ihr euch dann wieder den schwachen
und dürftigen Mächten zu,
denen ihr von neuem dienen wollt?
Ihr haltet bestimmte Tage ein
und Monate und Zeiten und Jahre. *Gal 4,9–10*

Zur Freiheit hat uns Christus befreit! 1194
So steht nun fest und laßt euch nicht wieder
das Joch der Knechtschaft auflegen! *Gal 5,1*

Ihr seid zur Freiheit berufen. Allein seht zu, 1195
daß ihr durch die Freiheit nicht dem Fleisch Raum gebt;
sondern durch die Liebe diene einer dem andern.
Gal 5,13

1196 Es ist der Wille Gottes, daß ihr mit guten Taten
den unwissenden und törichten Menschen das Maul
stopft – als die Freien, und nicht als hättet ihr
die Freiheit zum Deckmantel der Bosheit,
sondern als die Knechte Gottes. *1.Petr 2,15–16*

1197 Wer aus Gott geboren ist, der tut keine Sünde;
denn Gottes Kinder bleiben in ihm
und können nicht sündigen. *1.Joh 3,9*

Der neue Mensch

1198 Wir sind vom Gesetz frei geworden
und ihm abgestorben,
so daß wir dienen im neuen Wesen des Geistes
und nicht im alten Wesen des Buchstabens. *Röm 7,6*

1199 Schafft den alten Sauerteig weg,
damit ihr ein neuer Teig seid! *1.Kor 5,7*

1200 Ist jemand in Christus, so ist er eine neue Kreatur;
das Alte ist vergangen, siehe, Neues ist geworden.
2.Kor 5,17

1201 In Christus Jesus gilt weder Beschneidung noch
Unbeschnittensein, sondern eine neue Kreatur.
Gal 6,15

1202 Christus hat abgetan das Gesetz mit seinen
Geboten und Satzungen, damit er in sich selber
aus den zweien *einen neuen* Menschen schaffe
und Frieden mache. *Eph 2,15*

Erneuert euch in eurem Geist und Sinn 1203
und zieht den neuen Menschen an,
der nach Gott geschaffen ist
in wahrer Gerechtigkeit und Heiligkeit. *Eph 4,23–24*

Ihr habt den alten Menschen mit seinen Werken 1204
ausgezogen und den neuen angezogen,
der erneuert wird zur Erkenntnis nach dem Ebenbild
dessen, der ihn geschaffen hat. *Kol 3,9–10*

Die Taufe

Was zögerst du? Steh auf und rufe Jesu Namen an 1205
und laß dich taufen und deine Sünden abwaschen.
Apg 22,16

Alle, die wir auf Christus getauft sind, 1206
sind in seinen Tod getauft.
So sind wir ja mit ihm begraben
durch die Taufe in den Tod,
damit, wie Christus auferweckt ist von den Toten
durch die Herrlichkeit des Vaters,
auch wir in einem neuen Leben wandeln.
Röm 6,3–4

Wir sind durch *einen* Geist alle zu *einem* Leib getauft, 1207
und sind alle mit *einem* Geist getränkt. *1.Kor 12,13*

Die Arche, in der acht Seelen gerettet wurden, 1208
ist ein Vorbild der Taufe, die jetzt auch euch rettet.
Denn in ihr wird nicht der Schmutz
vom Leib abgewaschen,

sondern wir bitten Gott um ein gutes Gewissen,
durch die Auferstehung Jesu Christi. *1. Petr 3,20–21*

Mit Christus gestorben und auferstanden

1209 Wer sein Leben findet, der wird's verlieren;
und wer sein Leben verliert um meinetwillen,
der wird's finden. *Mt 10,39*

1210 Wenn das Weizenkorn nicht in die Erde fällt
und erstirbt, bleibt es allein;
wenn es aber erstirbt, bringt es viel Frucht.
Joh 12,24

1211 Wir tragen allezeit das Sterben Jesu an unserm Leibe,
damit auch das Leben Jesu an unserm Leibe
offenbar werde. *2. Kor 4,10*

1212 Die Jesus Christus angehören,
die haben ihr Fleisch gekreuzigt
samt den Leidenschaften und Begierden. *Gal 5,24*

1213 Christus ist mein Leben,
und Sterben ist mein Gewinn. *Phil 1,21*

1214 Christus möchte ich erkennen
und die Kraft seiner Auferstehung
und die Gemeinschaft seiner Leiden
und so seinem Tode gleichgestaltet werden. *Phil 3,10*

Ihr seid gestorben, und euer Leben ist verborgen 1215
mit Christus in Gott. *Kol 3,3*

Das ist gewißlich wahr: 1216
Sterben wir mit, so werden wir mit leben;
dulden wir, so werden wir mit herrschen;
verleugnen wir, so wird er uns auch verleugnen;
sind wir untreu, so bleibt er doch treu;
denn er kann sich selbst nicht verleugnen.
2.Tim 2,11–13

Die Heiligung

Selig sind, die reinen Herzens sind; 1217
denn sie werden Gott schauen. *Mt 5,8*

Das Auge ist das Licht des Leibes. 1218
Wenn dein Auge lauter ist,
so wird dein ganzer Leib licht sein. *Mt 6,22*

Gebt eure Leiber hin als ein Opfer, 1219
das lebendig, heilig und Gott wohlgefällig ist.
Röm 12,1

Stellt euch nicht dieser Welt gleich, 1220
sondern ändert euch durch Erneuerung eures Sinnes,
damit ihr prüfen könnt, was Gottes Wille ist.
Röm 12,2

Wißt ihr nicht, daß ihr Gottes Tempel seid? 1221
1.Kor 3,16

Das Wesen dieser Welt vergeht. *1.Kor 7,31* 1222

1223 Laßt uns von aller Befleckung des Fleisches
und des Geistes uns reinigen
und die Heiligung vollenden in der Furcht Gottes.
2.Kor 7,1

1224 Wir sind Gottes Werk, geschaffen in Christus Jesus
zu guten Werken, die Gott zuvor bereitet hat,
daß wir darin wandeln sollen. *Eph 2,10*

1225 Christus gebe euch Kraft nach dem Reichtum
seiner Herrlichkeit,
stark zu werden durch seinen Geist
an dem inwendigen Menschen. *Eph 3,16*

1226 Ich hoffe, daß Christus verherrlicht werde
an meinem Leibe, es sei durch Leben oder Tod.
Phil 1,20

1227 Gott ist's, der in euch wirkt beides,
das Wollen und Vollbringen, nach seinem Wohlgefallen.
Phil 2,13

1228 Das ist der Wille Gottes, eure Heiligung.
1.Thess 4,3

1229 Übe dich selbst in der Frömmigkeit!
Denn die leibliche Übung ist wenig nütze;
aber die Frömmigkeit ist zu allen Dingen nütze
und hat die Verheißung dieses
und des zukünftigen Lebens. *1.Tim 4,7–8*

Die heilsame Gnade Gottes nimmt uns in Zucht, 1230
daß wir absagen dem ungöttlichen Wesen
und den weltlichen Begierden
und besonnen, gerecht und fromm in dieser Welt leben.
Tit 2,11–12

Als gehorsame Kinder gebt euch nicht 1231
den Begierden hin,
denen ihr früher in der Zeit eurer Unwissenheit dientet;
sondern wie der, der euch berufen hat, heilig ist,
sollt auch ihr heilig sein in eurem ganzen Wandel.
1. Petr 1,14–15

Heiligt den Herrn Christus in euren Herzen. *1. Petr 3,15* 1232

Alles, was zum Leben und zur Frömmigkeit dient, 1233
hat uns seine göttliche Kraft geschenkt. *2. Petr 1,3*

Die Welt vergeht mit ihrer Lust; 1234
wer aber den Willen Gottes tut,
der bleibt in Ewigkeit. *1. Joh 2,17*

Jagt der Heiligung nach, 1235
ohne die niemand den Herrn sehen wird. *Hebr 12,14*

In Christus gegründet

Wenn ihr mich erkannt habt, 1236
so werdet ihr auch meinen Vater erkennen. *Joh 14,7*

1237 Bleibt in mir und ich in euch.
Wie die Rebe keine Frucht bringen kann aus sich selbst,
wenn sie nicht am Weinstock bleibt,
so auch ihr nicht, wenn ihr nicht in mir bleibt.
Joh 15,4

1238 Unser keiner lebt sich selber,
und keiner stirbt sich selber.
Leben wir, so leben wir dem Herrn;
sterben wir, so sterben wir dem Herrn.
Darum: wir leben oder sterben, so sind wir des Herrn.
Röm 14,7–8

1239 Christus ist darum für alle gestorben,
damit, die da leben, hinfort nicht sich selbst leben,
sondern dem, der für sie gestorben und auferstanden ist.
2.Kor 5,15

1240 Obwohl wir im Fleisch leben,
kämpfen wir doch nicht auf fleischliche Weise.
Denn die Waffen unsres Kampfes sind nicht fleischlich,
sondern mächtig im Dienste Gottes,
Festungen zu zerstören.
Wir zerstören damit Gedanken und alles Hohe,
das sich erhebt gegen die Erkenntnis Gottes,
und nehmen gefangen alles Denken in den Gehorsam
gegen Christus. *2.Kor 10,3–5*

1241 Ich lebe, doch nun nicht ich,
sondern Christus lebt in mir.
Denn was ich jetzt lebe im Fleisch,
das lebe ich im Glauben an den Sohn Gottes,
der mich geliebt hat
und sich selbst für mich dahingegeben. *Gal 2,20*

Seid in Christus Jesus verwurzelt und gegründet 1242
und fest im Glauben. *Kol 2,7*

Umgürtet die Lenden eures Gemüts, seid nüchtern 1243
und setzt eure Hoffnung ganz auf die Gnade,
die euch angeboten wird in der Offenbarung Jesu Christi.
1. Petr 1,13

Laßt uns aufsehen zu Jesus, 1244
dem Anfänger und Vollender des Glaubens. *Hebr 12,2*

Der Glaubenslauf

Trachtet zuerst nach dem Reich Gottes 1245
und nach seiner Gerechtigkeit,
so wird euch das alles zufallen. *Mt 6,33*

Viele, die die Ersten sind, werden die Letzten 1246
und die Letzten werden die Ersten sein. *Mt 19,30*

Laßt uns ablegen die Werke der Finsternis 1247
und anlegen die Waffen des Lichts. *Röm 13,12*

Die in der Kampfbahn laufen, die laufen alle, 1248
aber einer empfängt den Siegespreis.
Lauft so, daß ihr ihn erlangt!
Jeder aber, der kämpft, enthält sich aller Dinge;
jene nun, damit sie einen
vergänglichen Kranz empfangen,
wir aber einen unvergänglichen. *1. Kor 9,24–25*

1249 Wir wandeln im Glauben und nicht im Schauen.
2.Kor 5,7

1250 Schaffet, daß ihr selig werdet, mit Furcht und Zittern.
Phil 2,12

1251 Nicht, daß ich's schon ergriffen habe
oder schon vollkommen sei;
ich jage ihm aber nach, ob ich's wohl ergreifen könnte,
weil ich von Christus Jesus ergriffen bin. *Phil 3,12*

1252 Ich vergesse, was dahinten ist,
und strecke mich aus nach dem, was da vorne ist,
und jage nach dem vorgesteckten Ziel,
dem Siegespreis der himmlischen Berufung Gottes
in Christus Jesus. *Phil 3,13–14*

1253 Trachtet nach dem, was droben ist,
nicht nach dem, was auf Erden ist. *Kol 3,2*

1254 Kämpfe den guten Kampf des Glaubens,
ergreife das ewige Leben, wozu du berufen bist.
1.Tim 6,12

1255 Wer in den Krieg zieht, verwickelt sich
nicht in Geschäfte des täglichen Lebens,
damit er dem gefalle, der ihn angeworben hat.
Und wenn jemand auch kämpft, wird er
doch nicht gekrönt, er kämpfe denn recht.
2.Tim 2,4–5

Jage nach der Gerechtigkeit, dem Glauben, 1256
der Liebe, dem Frieden mit allen,
die den Herrn anrufen aus reinem Herzen.
2.Tim 2,22

Bemüht euch, eure Berufung und Erwählung 1257
festzumachen. *2.Petr 1,10*

Weil wir eine solche Wolke von Zeugen um uns haben, 1258
laßt uns ablegen alles, was uns beschwert,
und die Sünde, die uns ständig umstrickt,
und laßt uns laufen mit Geduld in dem Kampf,
der uns bestimmt ist. *Hebr 12,1*

Die Stellung in der Welt

Selig sind, die da geistlich arm sind; 1259
denn ihrer ist das Himmelreich. *Mt 5,3*

Ich preise dich, Vater, Herr des Himmels und der Erde, 1260
weil du dies den Weisen und Klugen verborgen hast
und hast es den Unmündigen offenbart.
Ja, Vater, denn so hat es dir wohlgefallen.
Mt 11,25–26

Wenn ihr nicht umkehrt und werdet wie die Kinder, 1261
so werdet ihr nicht ins Himmelreich kommen.
Mt 18,3

1262 Seht zu, daß ihr nicht einen von diesen Kleinen verachtet.
Denn ich sage euch:
Ihre Engel im Himmel sehen allezeit das Angesicht
meines Vaters im Himmel. *Mt 18,10*

1263 Seht auf eure Berufung:
Nicht viel Weise nach dem Fleisch,
nicht viel Angesehene sind berufen.
Sondern was töricht ist vor der Welt,
das hat Gott erwählt,
damit er die Weisen zuschanden mache;
und was schwach ist vor der Welt,
das hat Gott erwählt, damit er zuschanden mache,
was stark ist;
und das Geringe vor der Welt
und das Verachtete hat Gott erwählt, das, was nichts ist,
damit er zunichte mache, was etwas ist,
damit sich kein Mensch vor Gott rühme.
1.Kor 1,26–29

1264 Ich will mich am allerliebsten rühmen meiner
Schwachheit, damit die Kraft Christi bei mir wohne.
2.Kor 12,9

1265 Haltet den Glauben an Jesus Christus, unsern Herrn
der Herrlichkeit, frei von allem Ansehen der Person.
Jak 2,1

1266 Hat nicht Gott erwählt die Armen in der Welt,
die im Glauben reich sind? *Jak 2,5*

1267 Wenn ihr die Person anseht, tut ihr Sünde. *Jak 2,9*

Erwählung und Vorherbestimmung

Viele sind berufen, aber wenige sind auserwählt. *1268*
Mt 22,14

Nicht ihr habt mich erwählt, *1269*
sondern ich habe euch erwählt und bestimmt,
daß ihr hingeht und Frucht bringt
und eure Frucht bleibt. *Joh 15,16*

Die Gott ausersehen hat, die hat er auch vorherbestimmt, *1270*
daß sie gleich sein sollten dem Bild seines Sohnes,
damit dieser der Erstgeborene sei unter vielen Brüdern.
Röm 8,29

Die Gott vorherbestimmt hat, die hat er auch berufen; *1271*
die er aber berufen hat, die hat er auch gerecht gemacht;
die er aber gerecht gemacht hat,
die hat er auch verherrlicht. *Röm 8,30*

In Christus hat uns Gott erwählt, *1272*
ehe der Welt Grund gelegt war. *Eph 1,4*

Gott hat uns dazu vorherbestimmt, *1273*
seine Kinder zu sein durch Jesus Christus. *Eph 1,5*

Gott hat uns nicht bestimmt zum Zorn, *1274*
sondern dazu, das Heil zu erlangen
durch unsern Herrn Jesus Christus. *1.Thess 5,9*

1275 Gott will, daß allen Menschen geholfen werde
und sie zur Erkenntnis der Wahrheit kommen.
1.Tim 2,4

Bewahrt zur Seligkeit

1276 Es liegt nicht an jemandes Wollen oder Laufen,
sondern an Gottes Erbarmen. *Röm 9,16*

1277 Gott ist treu, durch den ihr berufen seid
zur Gemeinschaft seines Sohnes Jesus Christus,
unseres Herrn. *1.Kor 1,9*

1278 Der in euch angefangen hat das gute Werk,
der wird's auch vollenden bis an den Tag Christi Jesu.
Phil 1,6

1279 Der Gott des Friedens heilige euch durch und durch
und bewahre euren Geist samt Seele und Leib unversehrt,
untadelig für die Ankunft unseres Herrn Jesus Christus.
1.Thess 5,23

1280 Ihr werdet aus Gottes Macht durch den Glauben
bewahrt zur Seligkeit. *1.Petr 1,5*

Warnung vor Abfall

1281 Wenn der unreine Geist von einem Menschen
ausgefahren ist, so durchstreift er dürre Stätten,
sucht Ruhe und findet sie nicht.
Dann spricht er: Ich will wieder zurückkehren
in mein Haus, aus dem ich fortgegangen bin.
Und wenn er kommt, so findet er's leer,
gekehrt und geschmückt.

Dann geht er hin und nimmt mit sich sieben andre
Geister, die böser sind als er selbst;
und wenn sie hineinkommen, wohnen sie darin;
und es wird mit diesem Menschen hernach ärger,
als es vorher war. *Mt 12,43–45*

Laßt euch von niemand verführen mit leeren Worten! 1282
Eph 5,6

Seht zu, daß euch niemand einfange durch Philosophie 1283
und leeren Trug, gegründet auf die Lehre von Menschen
und auf die Mächte der Welt und nicht auf Christus.
Kol 2,8

In den letzten Zeiten werden einige von dem 1284
Glauben abfallen und verführerischen Geistern
und teuflischen Lehren anhängen,
verleitet durch Heuchelei der Lügenredner,
die ein Brandmal in ihrem Gewissen haben.
1.Tim 4,1–2

Bei einigen Menschen sind die Sünden offenbar 1285
und gehen ihnen zum Gericht voran;
bei einigen aber werden sie hernach offenbar.
1.Tim 5,24

In einem großen Haus sind nicht allein 1286
goldene und silberne Gefäße,
sondern auch hölzerne und irdene,
die einen zu ehrenvollem,
die anderen zu nicht ehrenvollem Gebrauch.
Wenn nun jemand sich reinigt von solchen Leuten,
die von der Wahrheit abgeirrt sind und sagen,
die Auferstehung sei schon geschehen,

der wird ein Gefäß sein zu ehrenvollem Gebrauch,
geheiligt, für den Hausherrn brauchbar.
2.Tim 2,20–21

1287 Wenn Menschen durch die Erkenntnis unseres Herrn
und Heilands Jesus Christus entflohen sind
dem Unrat der Welt,
werden aber wiederum in diesen verstrickt
und von ihm überwunden,
dann ist's mit ihnen am Ende ärger geworden
als vorher. *2.Petr 2,20*

1288 Seht zu, daß keiner unter euch ein böses,
ungläubiges Herz habe,
das abfällt von dem lebendigen Gott. *Hebr 3,12*

1289 Ermahnt euch selbst alle Tage,
solange es »heute« heißt,
daß nicht jemand unter euch verstockt werde
durch den Betrug der Sünde. *Hebr 3,13*

1290 Es ist unmöglich, die, die einmal erleuchtet worden sind
und geschmeckt haben die himmlische Gabe
und Anteil bekommen haben am heiligen Geist
und geschmeckt haben das gute Wort Gottes
und die Kräfte der zukünftigen Welt
und dann doch abgefallen sind,
wieder zu erneuern zur Buße,
da sie für sich selbst den Sohn Gottes abermals
kreuzigen und zum Spott machen. *Hebr 6,4–6*

Ihr Abtrünnigen, wißt ihr nicht, daß Freundschaft 1291
mit der Welt Feindschaft mit Gott ist?
Wer der Welt Freund sein will,
der wird Gottes Feind sein. *Jak 4,4*

Die Früchte des Heiligen Geistes

Vom Fruchtbringen

An ihren Früchten sollt ihr sie erkennen: 1292
Kann man denn Trauben lesen von den Dornen
oder Feigen von den Disteln?
So bringt jeder gute Baum gute Früchte;
aber ein fauler Baum bringt schlechte Früchte.
Mt 7,16–17

Wer da hat, dem wird gegeben werden, 1293
und er wird die Fülle haben;
wer aber nicht hat, dem wird auch,
was er hat, genommen werden. *Mt 25,29*

Darin wird mein Vater verherrlicht, 1294
daß ihr viel Frucht bringt und werdet meine Jünger.
Joh 15,8

Die Frucht aber des Geistes ist Liebe, 1295
Freude, Friede, Geduld, Freundlichkeit,
Güte, Treue, Sanftmut, Keuschheit. *Gal 5,22–23*

Habt nicht Gemeinschaft mit den unfruchtbaren 1296
Werken der Finsternis; deckt sie vielmehr auf.
Eph 5,11

1297 Seid Täter des Worts und nicht Hörer allein;
sonst betrügt ihr euch selbst. *Jak 1,22*

1298 Was hilft's, wenn jemand sagt, er habe Glauben,
und hat doch keine Werke?
Kann denn der Glaube ihn selig machen? *Jak 2,14*

1299 Der Glaube, wenn er nicht Werke hat,
ist tot in sich selber. *Jak 2,17*

1300 Wie der Leib ohne Geist tot ist,
so ist auch der Glaube ohne Werke tot. *Jak 2,26*

Liebe

1301 Hoffnung läßt nicht zuschanden werden;
denn die Liebe Gottes ist ausgegossen in unsre Herzen
durch den heiligen Geist, der uns gegeben ist.
Röm 5,5

1302 Die Liebe sei ohne Falsch. *Röm 12,9*

1303 Die Liebe ist des Gesetzes Erfüllung. *Röm 13,10*

1304 Die Liebe tut dem Nächsten nichts Böses. *Röm 13,10*

Wenn ich mit Menschen- und mit Engelzungen redete 1305
und hätte die Liebe nicht,
so wäre ich ein tönendes Erz oder eine klingende Schelle.
1.Kor 13,1

Nun aber bleiben Glaube, Hoffnung, Liebe, diese drei; 1306
aber die Liebe ist die größte unter ihnen.
1.Kor 13,13

Alle eure Dinge laßt in der Liebe geschehen! 1307
1.Kor 16,14

Eure Liebe soll immer noch reicher werden 1308
an Erkenntnis und aller Erfahrung. *Phil 1,9*

Über alles zieht an die Liebe, 1309
die da ist das Band der Vollkommenheit. *Kol 3,14*

Wendet alle Mühe daran 1310
und erweist in eurem Glauben Tugend
und in der Tugend Erkenntnis
und in der Erkenntnis Mäßigkeit
und in der Mäßigkeit Geduld
und in der Geduld Frömmigkeit
und in der Frömmigkeit brüderliche Liebe
und in der brüderlichen Liebe
die Liebe zu allen Menschen. *2.Petr 1,5–7*

Laßt uns nicht lieben mit Worten noch mit der Zunge, 1311
sondern mit der Tat und mit der Wahrheit. *1.Joh 3,18*

1312 Laßt uns lieben, denn er hat uns zuerst geliebt. *1.Joh 4,19*

Freude und Dankbarkeit

1313 Mein Geist freut sich Gottes, meines Heilandes.
Lk 1,47

1314 Einer von den zehn, als er sah,
daß er gesund geworden war,
kehrte er um und pries Gott mit lauter Stimme
und fiel nieder auf sein Angesicht zu Jesu Füßen
und dankte ihm.
Und das war ein Samariter. *Lk 17,15–16*

1315 Euer Herz soll sich freuen,
und eure Freude soll niemand von euch nehmen.
Joh 16,22

1316 Wer ißt, der ißt im Blick auf den Herrn,
denn er dankt Gott. *Röm 14,6*

1317 Singt und spielt dem Herrn in eurem Herzen.
Eph 5,19

1318 Freuet euch in dem Herrn allewege,
und abermals sage ich: Freuet euch! *Phil 4,4*

1319 Mit Freuden sagt Dank dem Vater, der euch
tüchtig gemacht hat zu dem Erbteil der Heiligen im Licht.
Kol 1,12

1320 Seid reichlich dankbar. *Kol 2,7*

Mit Psalmen, Lobgesängen und geistlichen Liedern 1321
singt Gott dankbar in eurem Herzen. *Kol 3,16*

Seid beharrlich im Gebet und wacht in ihm 1322
mit Danksagung! *Kol 4,2*

Wie können wir euretwegen Gott genug danken 1323
für all die Freude, die wir haben vor unserm Gott?
1.Thess 3,9

Seid allezeit fröhlich. *1.Thess 5,16* 1324

Seid dankbar in allen Dingen; 1325
denn das ist der Wille Gottes in Christus Jesus an euch.
1.Thess 5,18

Weil wir ein unerschütterliches Reich empfangen, 1326
laßt uns dankbar sein. *Hebr 12,28*

Ist jemand guten Mutes, der singe Psalmen. 1327
Jak 5,13

Friede

Selig sind die Friedfertigen; 1328
denn sie werden Gottes Kinder heißen. *Mt 5,9*

Wenn ihr in ein Haus geht, so grüßt es; 1329
und wenn es das Haus wert ist, wird euer Friede
auf sie kommen. *Mt 10,12–13*

1330 Habt Salz bei euch und habt Frieden untereinander!
Mk 9,50

1331 Wenn doch auch du erkenntest zu dieser Zeit,
was zum Frieden dient!
Aber nun ist's vor deinen Augen verborgen.
Lk 19,42

1332 Den Frieden lasse ich euch,
meinen Frieden gebe ich euch.
Nicht gebe ich euch, wie die Welt gibt. *Joh 14,27*

1333 Gott hat Frieden verkündigt durch Jesus Christus,
welcher ist ein Herr über alles. *Apg 10,36*

1334 Geistlich gesinnt sein ist Leben und Friede. *Röm 8,6*

1335 Ist's möglich, soviel an euch liegt,
so habt mit allen Menschen Frieden. *Röm 12,18*

1336 Gnade sei mit euch und Friede von Gott,
unserm Vater, und dem Herrn Jesus Christus! *1.Kor 1,3*

1337 Zum Frieden hat euch Gott berufen. *1.Kor 7,15*

1338 Christus ist unser Friede. *Eph 2,14*

Steht fest und bereit, einzutreten für das 1339
Evangelium des Friedens. *Eph 6,14–15*

Der Friede Gottes, der höher ist als alle Vernunft, 1340
bewahre eure Herzen und Sinne in Christus Jesus.
Phil 4,7

Christus machte Frieden durch sein Blut am Kreuz. 1341
Kol 1,20

Der Friede Christi, zu dem ihr berufen seid in 1342
einem Leibe, regiere in euren Herzen. *Kol 3,15*

Jagt dem Frieden nach mit jedermann. *Hebr 12,14* 1343

Die Frucht der Gerechtigkeit wird gesät in Frieden 1344
für die, die Frieden stiften. *Jak 3,18*

Geduld

Bedrängnis bringt Geduld, Geduld aber Bewährung. 1345
Röm 5,3–4

Ihr wißt, daß eure Arbeit nicht vergeblich ist 1346
in dem Herrn. *1.Kor 15,58*

Seid geduldig gegen jedermann. *1.Thess 5,14* 1347

Der Herr richte eure Herzen aus auf die Liebe Gottes 1348
und auf die Geduld Christi. *2.Thess 3,5*

1349 Du Gottesmensch, jage nach der Geduld! *1.Tim 6,11*

1350 Werdet Nachfolger derer, die durch Glauben
und Geduld die Verheißungen ererben. *Hebr 6,12*

1351 Geduld habt ihr nötig,
damit ihr den Willen Gottes tut
und das Verheißene empfangt. *Hebr 10,36*

1352 Euer Glaube, wenn er bewährt ist, wirkt Geduld. *Jak 1,3*

Freundlichkeit

1353 Wenn ihr nur zu euren Brüdern freundlich seid,
was tut ihr Besonderes?
Tun nicht dasselbe auch die Heiden? *Mt 5,47*

1354 Freuet euch mit den Fröhlichen
und weint mit den Weinenden. *Röm 12,15*

1355 Jeder von uns lebe so, daß er seinem Nächsten
gefalle zum Guten und zur Erbauung. *Röm 15,2*

1356 Verlästert man uns, so reden wir freundlich.
1.Kor 4,13

1357 Die Liebe ist freundlich. *1.Kor 13,4*

Seid untereinander freundlich und herzlich. *Eph 4,32* 1358

Eure Rede sei allezeit freundlich und mit Salz gewürzt. 1359
Kol 4,6

Ehrt jedermann! *1.Petr 2,17* 1360

Güte und Barmherzigkeit

Selig sind die Barmherzigen; 1361
denn sie werden Barmherzigkeit erlangen. *Mt 5,7*

Laßt euer Licht leuchten vor den Leuten, 1362
damit sie eure guten Werke sehen
und euren Vater im Himmel preisen. *Mt 5,16*

Wenn dich jemand nötigt, eine Meile mitzugehen, 1363
so geh mit ihm zwei. *Mt 5,41*

Gib dem, der dich bittet, 1364
und wende dich nicht ab von dem,
der etwas von dir borgen will. *Mt 5,42*

Wenn ihr liebt, die euch lieben, 1365
was werdet ihr für Lohn haben?
Tun dasselbe nicht auch die Zöllner? *Mt 5,46*

1366 Wenn du Almosen gibst,
so laß deine linke Hand nicht wissen,
was die rechte tut. *Mt 6,3*

1367 Wer zwei Hemden hat, der gebe dem, der keines hat;
und wer zu essen hat, der tue ebenso. *Lk 3,11*

1368 Seid barmherzig, wie auch euer Vater barmherzig ist.
Lk 6,36

1369 Gleichnis vom barmherzigen Samariter *Lk 10,25–37*

1370 Geben ist seliger als nehmen. *Apg 20,35*

1371 Übt jemand Barmherzigkeit, so tue er's gern.
Röm 12,8

1372 Gibt jemand, so gebe er mit lauterem Sinn.
Röm 12,8

1373 Seid auf Gutes bedacht gegenüber jedermann.
Röm 12,17

1374 Laßt uns Gutes tun und nicht müde werden;
denn zu seiner Zeit werden wir auch ernten,
wenn wir nicht nachlassen. *Gal 6,9*

Solange wir noch Zeit haben, 1375
laßt uns Gutes tun an jedermann,
allermeist aber an des Glaubens Genossen. *Gal 6,10*

Ein jeder sehe nicht auf das Seine, 1376
sondern auch auf das, was dem andern dient.
Phil 2,4

Eure Güte laßt kundsein allen Menschen! *Phil 4,5* 1377

Liebe Brüder, laßt's euch nicht verdrießen, 1378
Gutes zu tun. *2.Thess 3,13*

Mache dich selbst zum Vorbild guter Werke. *Tit 2,7* 1379

Alle, die zum Glauben an Gott gekommen sind, 1380
sollen darauf bedacht sein, sich mit guten Werken
hervorzutun. *Tit 3,8*

Gutes zu tun und mit andern zu teilen vergeßt nicht; 1381
denn solche Opfer gefallen Gott. *Hebr 13,16*

Es wird ein unbarmherziges Gericht über den ergehen, 1382
der nicht Barmherzigkeit getan hat;
Barmherzigkeit aber triumphiert über das Gericht.
Jak 2,13

Wer weiß, Gutes zu tun, und tut's nicht, 1383
dem ist's Sünde. *Jak 4,17*

Treue

1384 Gleichnis vom treuen und vom bösen Knecht *Mt 24,45–51*

1385 Gleichnis von den anvertrauten Zentnern *Mt 25,14–30*

1386 Recht so, du tüchtiger und treuer Knecht,
du bist über wenigem treu gewesen,
ich will dich über viel setzen;
geh hinein zu deines Herrn Freude! *Mt 25,21*

1387 Wem viel gegeben ist, bei dem wird man viel suchen;
und wem viel anvertraut ist, von dem wird man
um so mehr fordern. *Lk 12,48*

1388 Wer im Geringsten treu ist, der ist auch im Großen treu;
und wer im Geringsten ungerecht ist,
der ist auch im Großen ungerecht. *Lk 16,10*

1389 Gleichnis vom Knechtslohn *Lk 17,7–9*

1390 Wenn ihr alles getan habt, was euch befohlen ist,
so sprecht: Wir sind unnütze Knechte;
wir haben getan, was wir zu tun schuldig waren. *Lk 17,10*

1391 Man fordert nicht mehr von den Haushaltern,
als daß sie für treu befunden werden. *1.Kor 4,2*

Sei getreu bis an den Tod, so will ich 1392
dir die Krone des Lebens geben. *Offb 2,10*

Sanftmut

Selig sind die Sanftmütigen; 1393
denn sie werden das Erdreich besitzen. *Mt 5,5*

Wer mit seinem Bruder zürnt, der ist des Gerichts 1394
schuldig. *Mt 5,22*

Lebt würdig der Berufung, mit der ihr berufen seid 1395
in aller Demut und Sanftmut, in Geduld.
Eph 4,1–2

Zürnt ihr, so sündigt nicht; 1396
laßt die Sonne nicht über eurem Zorn untergehen,
und gebt nicht Raum dem Teufel. *Eph 4,26–27*

Alle Bitterkeit und Grimm und Zorn 1397
und Geschrei und Lästerung seien fern von euch
samt aller Bosheit. *Eph 4,31*

Zieht an herzliches Erbarmen, Freundlichkeit, 1398
Demut, Sanftmut, Geduld. *Kol 3,12*

Keuschheit

1399 Laßt uns ehrbar leben,
nicht in Fressen und Saufen,
nicht in Unzucht und Ausschweifung,
nicht in Hader und Eifersucht. *Röm 13,13*

1400 Der Leib nicht der Hurerei, sondern dem Herrn,
und der Herr dem Leibe. *1.Kor 6,13*

1401 Ihr seid teuer erkauft;
darum preist Gott mit eurem Leibe. *1.Kor 6,20*

1402 Von Unzucht und jeder Art Unreinheit soll
bei euch nicht einmal die Rede sein,
wie es sich für die Heiligen gehört. *Eph 5,3*

1403 Tötet Unreinheit, schändliche Leidenschaft
und böse Begierde. *Kol 3,5*

1404 Fliehe die Begierden der Jugend. *2.Tim 2,22*

1405 Die Ungerechten, die nach dem Fleisch leben,
in unreiner Begierde, verachten jede Herrschaft.
Sie halten es für eine Lust, am hellen Tag zu schlemmen,
schwelgen in ihren Betrügereien,
haben Augen voll Ehebruch, nimmer satt der Sünde,
locken an sich leichtfertige Menschen,
haben ein Herz getrieben von Habsucht.
Das sind Brunnen ohne Wasser

und Wolken, vom Wirbelwind umhergetrieben.
Denn sie reden stolze Worte, hinter denen nichts ist,
und reizen durch Unzucht zur fleischlichen Lust
diejenigen, die kaum entronnen waren denen,
die im Irrtum ihr Leben führen.
2. Petr 2,9–10.13–14.17–18

Gerechtigkeit

Alles, was ihr wollt, daß euch die Leute tun sollen, *1406*
das tut ihnen auch!
Das ist das Gesetz und die Propheten. *Mt 7,12*

Weh euch, Schriftgelehrte und Pharisäer, *1407*
die ihr den Zehnten gebt von Minze, Dill und Kümmel
und laßt das Wichtigste im Gesetz beiseite,
nämlich das Recht, die Barmherzigkeit und den Glauben!
Doch dies sollte man tun und jenes nicht lassen.
Mt 23,23

Die Zöllner: Meister, was sollen denn wir tun? *1408*
Johannes der Täufer: Fordert nicht mehr,
als euch vorgeschrieben ist! *Lk 3,12–13*

Die Soldaten: Was sollen denn wir tun? *1409*
Johannes der Täufer: Tut niemandem Gewalt
oder Unrecht
und laßt euch genügen an eurem Sold! *Lk 3,14*

Nun erfahre ich in Wahrheit, *1410*
daß Gott die Person nicht ansieht;
sondern in jedem Volk, wer ihn fürchtet und recht tut,
der ist ihm angenehm. *Apg 10,34–35*

1411 Es ist kein Ansehen der Person vor Gott. *Röm 2,11*

1412 Die Diener des Satans verstellen sich
als Diener der Gerechtigkeit. *2. Kor 11,15*

1413 Die Frucht des Lichts ist Gerechtigkeit. *Eph 5,9*

1414 Meidet das Böse in jeder Gestalt. *1. Thess 5,22*

1415 Legt ab alle Bosheit und allen Betrug und Heuchelei
und Neid und alle üble Nachrede. *1. Petr 2,1*

Wahrheit und Wahrhaftigkeit

1416 Wer die Ehre dessen sucht, der ihn gesandt hat,
der ist wahrhaftig. *Joh 7,18*

1417 Der Geist der Wahrheit wird euch in alle Wahrheit leiten.
Joh 16,13

1418 Vater, heilige sie in der Wahrheit;
dein Wort ist die Wahrheit. *Joh 17,17*

1419 Wer aus der Wahrheit ist, der hört meine Stimme.
Joh 18,37

1420 Wir sehen darauf, daß es redlich zugehe
nicht allein vor dem Herrn,
sondern auch vor den Menschen. *2. Kor 8,21*

Ihr lieft so gut. Wer hat euch aufgehalten, 1421
der Wahrheit nicht zu gehorchen? *Gal 5,7*

Laßt uns wahrhaftig sein in der Liebe. *Eph 4,15* 1422

Leget die Lüge ab und redet die Wahrheit, 1423
ein jeder mit seinem Nächsten. *Eph 4,25*

Die Frucht des Lichts ist Wahrheit. *Eph 5,9* 1424

Tut alles ohne Murren und ohne Zweifel, 1425
damit ihr ohne Tadel und lauter seid. *Phil 2,14–15*

Habt ihr eure Seelen gereinigt im Gehorsam 1426
der Wahrheit zu ungefärbter Bruderliebe,
so habt euch untereinander beständig lieb
aus reinem Herzen. *1.Petr 1,22*

Ich habe keine größere Freude als die, zu hören, 1427
daß meine Kinder in der Wahrheit leben. *3.Joh 4*

Die Weisheit von oben her ist unparteiisch 1428
und ohne Heuchelei. *Jak 3,17*

Wort Gottes und Gebet

Gottes Wort

Die Bedeutung von Gottes Wort

1429 Der Mensch lebt nicht vom Brot allein,
sondern von einem jeden Wort, das aus dem
Mund Gottes geht. *Mt 4,4*

1430 Himmel und Erde werden vergehen;
aber meine Worte werden nicht vergehen.
Mt 24,35

1431 Es muß alles erfüllt werden, was von mir
geschrieben steht im Gesetz des Mose,
in den Propheten und in den Psalmen. *Lk 24,44*

1432 Ihr sucht in der Schrift, denn ihr meint,
ihr habt das ewige Leben darin;
und sie ist's, die von mir zeugt. *Joh 5,39*

1433 Schafft euch Speise, die nicht vergänglich ist,
sondern die bleibt zum ewigen Leben. *Joh 6,27*

Das Wort vom Kreuz ist eine Torheit denen, 1434
die verloren werden;
uns aber, die wir selig werden, ist's eine Gotteskraft.
1.Kor 1,18

Der Buchstabe tötet, aber der Geist macht lebendig. 1435
2.Kor 3,6

Alle Schrift, von Gott eingegeben, ist nütze zur Lehre, 1436
zur Zurechtweisung, zur Besserung,
zur Erziehung in der Gerechtigkeit,
daß der Mensch Gottes vollkommen sei,
zu allem guten Werk geschickt. *2.Tim 3,16–17*

Keine Weissagung in der Schrift ist eine Sache 1437
eigener Auslegung;
getrieben vom heiligen Geist haben Menschen
im Namen Gottes geredet. *2.Petr 1,20–21*

Das Wort Gottes ist lebendig und kräftig 1438
und schärfer als jedes zweischneidige Schwert
und dringt durch, bis es scheidet Seele und Geist,
auch Mark und Bein
und ist ein Richter der Gedanken und Sinne des Herzens.
Hebr 4,12

Die Aufnahme von Gottes Wort

Eins ist not. Maria hat das gute Teil erwählt; 1439
das soll nicht von ihr genommen werden.
Lk 10,42

Selig sind, die Gottes Wort hören und bewahren. 1440
Lk 11,28

1441 Wer mich verachtet und nimmt meine Worte nicht an,
der hat schon seinen Richter:
Das Wort, das ich geredet habe,
das wird ihn richten am Jüngsten Tage. *Joh 12,48*

1442 Ihr habt das Wort der göttlichen Predigt,
das ihr von uns empfangen habt,
nicht als Menschenwort aufgenommen,
sondern als das, was es in Wahrheit ist, als Gottes Wort,
das in euch wirkt, die ihr glaubt. *1.Thess 2,13*

Die Vertiefung von Gottes Wort

1443 Seht darauf, wie ihr zuhört;
denn wer da hat, dem wird gegeben;
wer aber nicht hat, dem wird auch das genommen,
was er meint zu haben. *Lk 8,18*

1444 Wir sollen nicht mehr unmündig sein
und uns von jedem Wind einer Lehre bewegen
und umhertreiben lassen durch trügerisches
Spiel der Menschen, mit dem sie uns arglistig verführen.
Eph 4,14

1445 Nehmt das Schwert des Geistes,
welches ist das Wort Gottes. *Eph 6,17*

1446 Bleibe bei dem, was du gelernt hast und dir vertraut ist;
du weißt ja, von wem du gelernt hast,
und kennst die heilige Schrift,
die dich unterweisen kann zur Seligkeit
durch den Glauben an Christus Jesus. *2.Tim 3,14–15*

Ihr, die ihr längst Lehrer sein solltet, 1447
habt es wieder nötig, daß man euch
die Anfangsgründe der göttlichen Worte lehre,
daß man euch Milch gebe und nicht feste Speise.
Hebr 5,12

Feste Speise ist für die Vollkommenen, 1448
die durch Gebrauch geübte Sinne haben
und Gutes und Böses unterscheiden können.
Hebr 5,14

Irrlehren

Auch aus eurer Mitte werden Männer aufstehen, 1449
die Verkehrtes lehren, um die Jünger an sich
zu ziehen. *Apg 20,30*

Nehmt euch in acht vor denen, die Zwietracht 1450
und Ärgernis anrichten entgegen der Lehre,
die ihr gelernt habt, und wendet euch von ihnen ab.
Röm 16,17

Wir meiden schändliche Heimlichkeit 1451
und gehen nicht mit List um,
fälschen auch nicht Gottes Wort,
sondern durch Offenbarung der Wahrheit
empfehlen wir uns dem Gewissen
aller Menschen vor Gott. *2.Kor 4,2*

Wenn einer zu euch kommt 1452
und einen andern Jesus predigt,
den wir nicht gepredigt haben,
oder ihr einen andern Geist empfangt,
den ihr nicht empfangen habt,

oder ein anderes Evangelium,
das ihr nicht angenommen habt,
so ertragt ihr das recht gern! *2.Kor 11,4*

1453 Mich wundert, daß ihr euch so bald abwenden laßt
zu einem andern Evangelium,
obwohl es kein andres gibt;
nur daß einige da sind, die euch verwirren
und wollen das Evangelium Christi verkehren.
Gal 1,6–7

1454 Es hatten sich einige falsche Brüder
mit eingedrängt und neben eingeschlichen,
um unsere Freiheit auszukundschaften,
die wir in Christus Jesus haben, und uns zu knechten.
Denen wichen wir auch nicht eine Stunde
und unterwarfen uns ihnen nicht,
damit die Wahrheit des Evangeliums
bei euch bestehen bliebe. *Gal 2,4–5*

1455 Wir gebieten euch im Namen unseres Herrn
Jesus Christus,
daß ihr euch zurückzieht von jedem Bruder,
der unordentlich lebt und nicht nach der Lehre,
die ihr von uns empfangen habt. *2.Thess 3,6*

1456 Einige haben sich hingewandt zu unnützem Geschwätz,
wollen die Schrift meistern und verstehen selber nicht,
was sie sagen oder was sie so fest behaupten.
1.Tim 1,6–7

Lügenredner gebieten, nicht zu heiraten 1457
und Speisen zu meiden, die Gott geschaffen hat,
daß sie mit Danksagung empfangen werden
von den Gläubigen. *1.Tim 4,3*

Die ungeistlichen Altweiberfabeln weise zurück. 1458
1.Tim 4,7

Wenn jemand nicht bei der Lehre bleibt, 1459
die dem Glauben gemäß ist,
der ist aufgeblasen und weiß nichts,
sondern hat die Seuche der Fragen und Wortgefechte.
Daraus entspringen Neid, Hader, Lästerung,
böser Argwohn,
Schulgezänk solcher Menschen, die zerrüttete
Sinne haben und der Wahrheit beraubt sind,
die meinen, Frömmigkeit sei ein Gewerbe.
1.Tim 6,3–5

Zu den Scheinfrommen gehören auch die, 1460
die sich in die Häuser einschleichen
und gewisse Frauen einfangen,
die mit Sünden beladen sind
und von mancherlei Begierden getrieben werden,
die immer auf neue Lehren aus sind
und nie zur Erkenntnis der Wahrheit kommen können.
Sie widerstehen der Wahrheit:
es sind Menschen mit zerrütteten Sinnen,
untüchtig zum Glauben. *2.Tim 3,6–8*

Mit den bösen Menschen und Betrügern wird's 1461
je länger, desto ärger;
sie verführen und werden verführt. *2.Tim 3,13*

1462 Es wird eine Zeit kommen,
da sie die heilsame Lehre nicht ertragen werden;
sondern nach ihren eigenen Gelüsten
werden sie sich selbst Lehrer aufladen,
nach denen ihnen die Ohren jucken,
und werden die Ohren von der Wahrheit abwenden
und sich den Fabeln zukehren. *2.Tim 4,3–4*

1463 Es gibt viele Freche, denen man das Maul stopfen muß,
weil sie ganze Häuser verwirren
und lehren, was nicht sein darf,
um schändlichen Gewinns willen. *Tit 1,10*

1464 Einen ketzerischen Menschen meide,
wenn er einmal und noch einmal ermahnt ist.
Tit 3,10

1465 Es werden unter euch sein falsche Lehrer,
die verderbliche Irrlehren einführen
und verleugnen den Herrn.
Und viele werden ihnen folgen
in ihren Ausschweifungen;
um ihretwillen wird der Weg der Wahrheit
verlästert werden. *2.Petr 2,1–2*

1466 Laßt euch nicht durch mancherlei fremde Lehren
umtreiben,
denn es ist ein köstlich Ding, daß das Herz fest werde,
welches geschieht durch Gnade. *Hebr 13,9*

Wenn jemand unter euch abirren würde von der Wahrheit 1467
und jemand bekehrte ihn, der soll wissen:
wer den Sünder bekehrt hat von seinem Irrweg,
der wird seine Seele vom Tod erretten
und wird bedecken die Menge der Sünden.
Jak 5,19–20

Falsches Schriftverständnis

Verstehst du auch, was du liest? 1468
– Wie kann ich, wenn mich nicht jemand anleitet?
Apg 8,30–31

Was Gott reingemacht hat, das nenne du nicht verboten. 1469
Apg 10,15

Laßt euch von niemandem ein schlechtes Gewissen 1470
machen wegen Speise und Trank
oder wegen eines bestimmten Feiertages,
Neumondes oder Sabbats. *Kol 2,16*

Laßt euch den Siegespreis von niemandem nehmen, 1471
der sich gefällt in falscher Demut
und Verehrung der Engel und sich dessen rühmt,
was er geschaut hat, und ist ohne Grund aufgeblasen
in seinem fleischlichen Sinn
und hält sich nicht an das Haupt. *Kol 2,18–19*

Wenn ihr mit Christus den Mächten der Welt 1472
gestorben seid,
was laßt ihr euch dann Satzungen auferlegen,
als lebtet ihr noch in der Welt:
Du sollst das nicht anfassen, du sollst das nicht kosten,
du sollst das nicht anrühren?

Es sind Gebote und Lehren von Menschen,
die zwar einen Schein von Weisheit haben
durch selbsterwählte Frömmigkeit und Demut
und dadurch, daß sie den Leib nicht schonen;
sie sind aber nichts wert und befriedigen nur das Fleisch.
Kol 2,20–23

1473 Steht fest und haltet euch an die Lehre,
in der ihr unterwiesen worden seid. *2.Thess 2,15*

1474 Alles, was Gott geschaffen hat, ist gut,
und nichts ist verwerflich, was mit Danksagung
empfangen wird;
denn es wird geheiligt durch das Wort Gottes und Gebet.
1.Tim 4,4–5

1475 Den Reinen ist alles rein;
den Unreinen aber und Ungläubigen ist nichts rein,
sondern unrein ist beides, ihr Sinn und ihr Gewissen.
Tit 1,15

1476 Von törichten Fragen, von Zank und Streit
über das Gesetz halte dich fern;
denn sie sind unnütz und nichtig. *Tit 3,9*

Das Gebet

Vom rechten Beten

1477 Habt acht auf eure Frömmigkeit,
daß ihr die nicht übt vor den Leuten,
um von ihnen gesehen zu werden;
ihr habt sonst keinen Lohn bei eurem Vater im Himmel.
Mt 6,1

Wenn du betest, 1478
so geh in dein Kämmerlein und schließ die Tür zu
und bete zu deinem Vater, der im Verborgenen ist;
und dein Vater, der in das Verborgene sieht,
wird dir's vergelten. *Mt 6,6*

Wenn ihr betet, 1479
sollt ihr nicht viel plappern wie die Heiden;
denn sie meinen, sie werden erhört,
wenn sie viele Worte machen.
Darum sollt ihr ihnen nicht gleichen.
Denn euer Vater weiß, was ihr bedürft,
bevor ihr ihn bittet. *Mt 6,7–8*

Darum sollt ihr so beten: 1480
Unser Vater im Himmel! *Mt 6,9*

Dein Wille geschehe wie im Himmel so auf Erden. 1481
Mt 6,10

Wenn ihr fastet, sollt ihr nicht sauer dreinsehen 1482
wie die Heuchler.
Zeige dich nicht vor den Leuten mit deinem Fasten,
sondern vor deinem Vater, der im Verborgenen ist.
Mt 6,16.18

Wenn ihr steht und betet, so vergebt, 1483
wenn ihr etwas gegen jemanden habt,
damit auch euer Vater im Himmel euch vergebe
eure Übertretungen. *Mk 11,25*

1484 Gleichnis vom Pharisäer und Zöllner *Lk 18,9–14*

1485 Gott ist Geist,
und die ihn anbeten, die müssen ihn im Geist
und in der Wahrheit anbeten. *Joh 4,24*

1486 Der Geist hilft unsrer Schwachheit auf.
Denn wir wissen nicht, was wir beten sollen,
wie sich's gebührt,
sondern der Geist selbst vertritt uns
mit unaussprechlichem Seufzen. *Röm 8,26*

1487 Wacht mit aller Beharrlichkeit im Gebet für alle Heiligen.
Eph 6,18

1488 Seid beharrlich im Gebet und wacht in ihm
mit Danksagung! *Kol 4,2*

1489 Betet ohne Unterlaß. *1.Thess 5,17*

1490 Die Männer sollen beten an allen Orten
und heilige Hände aufheben ohne Zorn und Zweifel.
1.Tim 2,8

1491 Seid besonnen und nüchtern zum Gebet. *1.Petr 4,7*

1492 Leidet jemand unter euch, der bete. *Jak 5,13*

Von der Erhörung

Bittet, so wird euch gegeben; 1493
suchet, so werdet ihr finden;
klopfet an, so wird euch aufgetan. *Mt 7,7*

Wer ist unter euch Menschen, der seinem Sohn, 1494
wenn er ihn bittet um Brot, einen Stein biete?
oder, wenn er ihn bittet um einen Fisch,
eine Schlange biete?
Wenn nun ihr, die ihr doch böse seid,
dennoch euren Kindern gute Gaben geben könnt,
wieviel mehr wird euer Vater im Himmel Gutes geben
denen, die ihn bitten! *Mt 7,9–11*

Wenn zwei unter euch eins werden auf Erden, 1495
worum sie bitten wollen,
so soll es ihnen widerfahren
von meinem Vater im Himmel. *Mt 18,19*

Gleichnis vom bittenden Freund *Lk 11,5–8* 1496

Gleichnis von der bittenden Witwe *Lk 18,1–5* 1497

Sollte Gott nicht Recht schaffen seinen Auserwählten, 1498
die zu ihm Tag und Nacht rufen,
und sollte er's bei ihnen lange hinziehen?
Ich sage euch: Er wird ihnen Recht schaffen in Kürze.
Lk 18,7–8

1499 Was ihr bitten werdet in meinem Namen,
das will ich tun,
damit der Vater verherrlicht werde im Sohn.
Joh 14,13

1500 Bisher habt ihr um nichts gebeten in meinem Namen.
Bittet, so werdet ihr nehmen,
daß eure Freude vollkommen sei. *Joh 16,24*

1501 Das ist die Zuversicht, die wir haben zu Gott:
Wenn wir um etwas bitten nach seinem Willen,
so hört er uns. *1.Joh 5,14*

1502 Bitte im Glauben und zweifle nicht;
denn wer zweifelt, der gleicht einer Meereswoge,
die vom Wind getrieben und bewegt wird.
Ein solcher Mensch denke nicht,
daß er etwas von dem Herrn empfangen werde.
Jak 1,6–7

1503 Ihr bittet und empfangt nichts,
weil ihr in übler Absicht bittet,
nämlich damit ihr's für eure Gelüste vergeuden könnt.
Jak 4,3

1504 Des Gerechten Gebet vermag viel,
wenn es ernstlich ist. *Jak 5,16*

Zeugendienst und Verkündigung

Der Zeuge Jesu Christi

Der Stand des Zeugen

Ihr seid das Salz der Erde. *Mt 5,13* 1505

Ihr seid das Licht der Welt. *Mt 5,14* 1506

Siehe, ich sende euch wie Schafe mitten unter die Wölfe. 1507
Darum seid klug wie die Schlangen
und ohne Falsch wie die Tauben. *Mt 10,16*

Der Jünger steht nicht über dem Meister 1508
und der Knecht nicht über seinem Herrn.
Es ist für den Jünger genug, daß er ist wie sein Meister
und der Knecht wie sein Herr.
Haben sie den Hausherrn Beelzebul genannt,
wieviel mehr werden sie seine Hausgenossen
so nennen! *Mt 10,24–25*

Wes das Herz voll ist, des geht der Mund über. 1509
Mt 12,34

1510 Ein guter Mensch bringt Gutes hervor
aus dem guten Schatz seines Herzens;
und ein böser Mensch bringt Böses hervor
aus seinem bösen Schatz. *Mt 12,35*

1511 Wenn diese (die Jünger) schweigen werden, so werden
die Steine schreien. *Lk 19,40*

1512 Wir können's ja nicht lassen, von dem zu reden,
was wir gesehen und gehört haben. *Apg 4,20*

Der Auftrag des Zeugen

1513 Folgt mir nach;
ich will euch zu Menschenfischern machen!
Mt 4,19

1514 Ihr sollt das Heilige nicht den Hunden geben,
und eure Perlen sollt ihr nicht vor die Säue werfen,
damit die sie nicht zertreten mit ihren Füßen
und sich umwenden und euch zerreißen. *Mt 7,6*

1515 Die Ernte ist groß, aber wenige sind der Arbeiter.
Darum bittet den Herrn der Ernte,
daß er Arbeiter in seine Ernte sende. *Mt 9,38*

1516 Wer mich bekennt vor den Menschen,
den will ich auch bekennen
vor meinem himmlischen Vater. *Mt 10,32*

Jeder Schriftgelehrte, der ein Jünger des Himmelsreichs 1517
geworden ist,
gleicht einem Hausvater, der aus seinem Schatz
Neues und Altes hervorholt. *Mt 13,52*

Wir müssen die Werke dessen wirken, 1518
der mich gesandt hat, solange es Tag ist;
es kommt die Nacht, da niemand wirken kann.
Joh 9,4

Ihr werdet die Kraft des heiligen Geistes empfangen, 1519
der auf euch kommen wird,
und werdet meine Zeugen sein. *Apg 1,8*

Gott, der sprach: Licht soll aus der Finsternis 1520
hervorleuchten,
der hat einen hellen Schein in unsre Herzen gegeben,
daß durch uns entstünde die Erleuchtung
zur Erkenntnis der Herrlichkeit Gottes
in dem Angesicht Jesu Christi. *2.Kor 4,6*

Es sei ferne von mir, mich zu rühmen 1521
als allein des Kreuzes unseres Herrn Jesus Christus.
Gal 6,14

Seid allezeit bereit zur Verantwortung vor jedermann, 1522
der von euch Rechenschaft fordert über die Hoffnung,
die in euch ist. *1.Petr 3,15*

Die Vollmacht des Zeugen

1523 Gehet hin und machet zu Jüngern alle Völker:
Taufet sie auf den Namen des Vaters
und des Sohnes und des heiligen Geistes
und lehret sie halten alles, was ich euch befohlen habe.
Mt 28,19–20

1524 Wer euch hört, der hört mich;
und wer euch verachtet, der verachtet mich;
wer aber mich verachtet, der verachtet den,
der mich gesandt hat. *Lk 10,16*

1525 Wie mich der Vater gesandt hat, so sende ich euch.
Joh 20,23

1526 Welchen ihr die Sünden erlaßt, denen sind sie erlassen;
und welchen ihr sie behaltet, denen sind sie behalten.
Joh 20,23

Der Lohn des Zeugen

1527 Umsonst habt ihr's empfangen,
umsonst gebt es auch. *Mt 10,8*

1528 Gleichnis von den Arbeitern im Weinberg *Mt 20,1–15*

1529 Wenn jemand auf den Grund baut Gold, Silber,
Edelsteine, Holz, Heu, Stroh,
so wird das Werk eines jeden offenbar werden.
Der Tag des Gerichts wird's klar machen;
denn mit Feuer wird er sich offenbaren.
Und von welcher Art eines jeden Werk ist,
wird das Feuer erweisen.

Wird jemandes Werk bleiben, das er darauf gebaut hat,
so wird er Lohn empfangen.
Wird aber jemandes Werk verbrennen,
so wird er Schaden leiden;
er selbst aber wird gerettet werden,
doch so wie durchs Feuer hindurch. *1.Kor 3,12–15*

Irret euch nicht! Gott läßt sich nicht spotten. 1530
Denn was der Mensch sät, das wird er ernten.
Gal 6,7

Der Wortverkündiger

Der Dienst eines Predigers
Wenn euch jemand nicht aufnehmen 1531
und eure Rede nicht hören wird,
so geht heraus aus diesem Hause oder dieser Stadt
und schüttelt den Staub von euren Füßen. *Mt 10,14*

Wer euch aufnimmt, der nimmt mich auf; 1532
und wer mich aufnimmt, der nimmt den auf,
der mich gesandt hat. *Mt 10,40*

Wenn ihr in ein Haus kommt, sprecht zuerst: 1533
Friede sei diesem Hause!
Und wenn dort ein Kind des Friedens ist,
so wird euer Friede auf ihm ruhen;
wenn aber nicht, so wird sich euer Friede
wieder zu euch wenden. *Lk 10,5–6*

1534 Ich habe euch gesandt, zu ernten,
wo ihr nicht gearbeitet habt;
andere haben gearbeitet,
und euch ist ihre Arbeit zugute gekommen.
Joh 4,38

1535 Der Knecht ist nicht größer als sein Herr
und der Apostel nicht größer als der, der ihn gesandt hat.
Wenn ihr dies wißt – selig seid ihr, wenn ihr's tut.
Joh 13,16–17

1536 Herr, gib deinen Knechten, mit allem Freimut
zu reden dein Wort. *Apg 4,29*

1537 Man muß Gott mehr gehorchen als den Menschen.
Apg 5,29

1538 Ich schäme mich des Evangeliums nicht;
denn es ist eine Kraft Gottes,
die selig macht alle, die daran glauben. *Röm 1,16*

1539 Christus hat mich nicht gesandt zu taufen,
sondern das Evangelium zu predigen
– nicht mit klugen Worten, damit nicht das Kreuz
Christi zunichte werde. *1.Kor 1,17*

1540 So ist nun weder der pflanzt noch der begießt etwas,
sondern Gott, der das Gedeihen gibt. *1.Kor 3,7*

1541 Einen andern Grund kann niemand legen als den,
der gelegt ist, welcher ist Jesus Christus. *1.Kor 3,11*

Daß ich das Evangelium predige, 1542
dessen darf ich mich nicht rühmen,
denn ich muß es tun.
Und wehe mir, wenn ich das Evangelium nicht predigte!
1.Kor 9,16

Obwohl ich frei bin von jedermann, 1543
habe ich mich doch jedermann zum Knecht gemacht,
damit ich möglichst viele gewinne.
Denen, die unter dem Gesetz sind,
bin ich wie einer unter dem Gesetz geworden
– obwohl ich selbst nicht unter dem Gesetz bin;
denen, die ohne Gesetz sind,
bin ich wie einer ohne Gesetz geworden
– obwohl ich doch nicht ohne Gesetz bin vor Gott,
sondern ich bin in dem Gesetz Christi.
Den Schwachen bin ich ein Schwacher geworden.
Ich bin allen alles geworden,
damit ich auf alle Weise einige rette. *1.Kor 9,19–22*

Gott hat uns das Amt gegeben, 1544
das die Versöhnung predigt. *2.Kor 5,18*

Wir vermögen nichts wider die Wahrheit, 1545
sondern nur etwas für die Wahrheit. *2.Kor 13,8*

Suche ich Menschen gefällig zu sein? 1546
Wenn ich noch Menschen gefällig wäre,
so wäre ich Christi Knecht nicht. *Gal 1,10*

1547 Ich kann niedrig sein und kann hoch sein;
mir ist alles und jedes vertraut:
beides, satt sein und hungern,
beides, Überfluß haben und Mangel leiden;
ich vermag alles durch den, der mich mächtig macht.
Phil 4,12–13

1548 Erweise dich als ein rechtschaffener
und untadeliger Arbeiter,
der das Wort der Wahrheit recht austeilt.
2.Tim 2,15

1549 Ein Knecht des Herrn soll nicht streitsüchtig sein,
sondern freundlich gegen jedermann,
im Lehren geschickt, der Böses ertragen kann
und mit Sanftmut die Widerspenstigen zurechtweist,
ob ihnen Gott vielleicht Buße gebe,
die Wahrheit zu erkennen
und wieder nüchtern zu werden
aus der Verstrickung des Teufels,
von dem sie gefangen sind, zu tun seinen Willen.
2.Tim 2,24–26

1550 Predige das Wort, steh dazu,
es sei zur Zeit oder zur Unzeit;
weise zurecht, drohe, ermahne
mit aller Geduld und Lehre. *2.Tim 4,2*

1551 Sei nüchtern in allen Dingen, leide willig,
tu das Werk eines Predigers des Evangeliums,
richte dein Amt redlich aus. *2.Tim 4,5*

Ein Bischof halte sich an das Wort der Lehre, 1552
das gewiß ist,
damit er die Kraft habe,
zu ermahnen mit der heilsamen Lehre
und zurechtzuweisen, die widersprechen. *Tit 1,9*

Wenn jemand predigt, rede er's als Gottes Wort. 1553
1. Petr 4,11

Die Botschaft des Predigers

Ich habe nicht unterlassen, euch den ganzen 1554
Ratschluß Gottes zu verkündigen. *Apg 20,27*

Es sei euch kundgetan, daß den Heiden das Heil Gottes 1555
gesandt ist;
und sie werden es hören. *Apg 28,28*

Durch Jesus Christus haben wir empfangen 1556
Gnade und Apostelamt,
in seinem Namen den Gehorsam des Glaubens
aufzurichten unter allen Heiden. *Röm 1,5*

Der Glaube kommt aus der Predigt, 1557
das Predigen aber durch das Wort Christi. *Röm 10,17*

Weil die Welt, umgeben von der Weisheit Gottes, 1558
Gott durch ihre Weisheit nicht erkannte,
gefiel es Gott wohl,
durch die Torheit der Predigt selig zu machen,
die daran glauben. *1. Kor 1,21*

1559 Ich hielt es für richtig, unter euch nichts zu wissen
als allein Jesus den Gekreuzigten. *1.Kor 2,2*

1560 Lernt an uns, was das heißt:
Nicht über das hinaus, was geschrieben steht!
1.Kor 4,6

1561 Das Evangelium, das von mir gepredigt ist,
ist nicht von menschlicher Art.
Denn ich habe es nicht von einem Menschen empfangen
oder gelernt,
sondern durch eine Offenbarung Jesu Christi.
Gal 1,11–12

1562 Ermahne sie inständig vor Gott,
daß sie nicht um Worte streiten,
was zu nichts nütze ist, als die zu verwirren,
die zuhören. *2.Tim 2,14*

1563 Die törichten und unnützen Fragen weise zurück;
denn du weißt, daß sie nur Streit erzeugen.
2.Tim 2,23

Die Versorgung des Predigers

1564 Ein Arbeiter ist seiner Speise wert. *Mt 10,10*

1565 Wer einem dieser Geringen auch nur einen Becher
kalten Wassers zu trinken gibt,
weil es ein Jünger ist, wahrlich, ich sage euch:
es wird ihm nicht unbelohnt bleiben. *Mt 10,42*

Ich habe von niemandem Silber oder Gold 1566
oder Kleidung begehrt.
Denn ihr wißt selber, daß mir diese Hände
zum Unterhalt gedient haben für mich und die,
die mit mir gewesen sind. *Apg 20,33–34*

Wer zieht in den Krieg und zahlt sich selbst den Sold? 1567
Wer pflanzt einen Weinberg und ißt nicht von seiner Frucht?
Oder wer weidet seine Herde und nährt sich nicht
von der Milch der Herde?
Wenn wir euch zugut Geistliches säen, ist es dann zuviel,
wenn wir Leibliches von euch ernten?
So hat der Herr befohlen, daß,
die das Evangelium verkündigen,
sich vom Evangelium nähren sollen. *1.Kor 9,7.11.14*

Ich bezwinge meinen Leib und zähme ihn, 1568
daß ich nicht andern predige und selbst
verwerflich werde. *1.Kor 9,27*

Wer unterrichtet wird im Wort, der gebe dem, 1569
der ihn unterrichtet, Anteil an allem Guten.
Gal 6,6

Es soll der Bauer, der den Acker bebaut, 1570
die Früchte als erster genießen. *2.Tim 2,6*

Der unlautere Verkündiger

1571 Wir sind nicht wie die vielen, die mit dem Wort Gottes
Geschäfte machen;
sondern wie man aus Lauterkeit
und aus Gott reden muß,
so reden wir vor Gott in Christus. *2.Kor 2,17*

1572 Manche verkündigen Christus aus Eigennutz
und nicht lauter.
Was tut's aber?
Wenn nur Christus verkündigt wird auf jede Weise,
es geschehe zum Vorwand oder in Wahrheit,
so freue ich mich darüber. *Phil 1,17–18*

1573 Irrlehrer werden aus Habsucht
euch mit erdichteten Worten zu gewinnen suchen.
2.Petr 2,3

Der Lehrdienst

1574 Gedenkt an eure Lehrer,
die euch das Wort Gottes gesagt haben;
ihr Ende schaut an
und folgt ihrem Glauben nach. *Hebr 13,7*

1575 Gehorcht euren Lehrern und folgt ihnen,
denn sie wachen über eure Seelen
– und dafür müssen sie Rechenschaft geben –,
damit sie das mit Freuden tun und nicht mit Seufzen;
denn das wäre nicht gut für euch. *Hebr 13,17*

Nicht jeder von euch soll ein Lehrer werden; 1576
wißt, daß wir ein desto strengeres Urteil
empfangen werden. *Jak 3,1*

Der prophetische Dienst

Ein Prophet gilt nirgends weniger 1577
als in seinem Vaterland und in seinem Hause.
Mt 13,57

Wir haben verschiedene Gaben nach der Gnade, 1578
die uns gegeben ist.
Ist jemand prophetische Rede gegeben,
so übe er sie dem Glauben gemäß.
Ist jemand ein Amt gegeben, so diene er.
Ist jemand Lehre gegeben, so lehre er.
Ist jemand Ermahnung gegeben, so ermahne er.
Röm 12,6–8

Wer prophetisch redet, der redet den Menschen 1579
zur Erbauung und zur Ermahnung und zur Tröstung.
1.Kor 14,3

Prophetische Rede verachtet nicht. *1.Thess 5,20* 1580

In Bedrängnis

In Versuchung

1581 Führe uns nicht in Versuchung,
sondern erlöse uns von dem Bösen. *Mt 6,13*

1582 Seht euch vor vor den falschen Propheten,
die in Schafskleidern zu euch kommen,
inwendig aber sind sie reißende Wölfe. *Mt 7,15*

1583 Fürchtet euch nicht vor denen, die den Leib töten,
doch die Seele nicht töten können;
fürchtet euch aber viel mehr vor dem,
der Leib und Seele verderben kann in der Hölle.
Mt 10,28

1584 Wer einen dieser Kleinen, die an mich glauben,
zum Abfall verführt, für den wäre es besser,
daß ein Mühlstein an seinen Hals gehängt
und er ersäuft würde im Meer, wo es am tiefsten ist.
Es müssen ja Verführungen kommen;
doch weh dem Menschen, der zum Abfall verführt!
Mt 18,6–7

Der Teufel ist ein Mörder von Anfang 1585
und steht nicht in der Wahrheit.
Er ist ein Lügner und der Vater der Lüge.
Joh 8,44

Vater, ich bitte nicht, 1586
daß du die Meinen aus der Welt nimmst,
sondern daß du sie bewahrst vor dem Bösen.
Joh 17,15

Paulus zu dem Zauberer Elymas: 1587
Du Sohn des Teufels, voll aller List und aller Bosheit,
du Feind aller Gerechtigkeit,
hörst du nicht auf, krumm zu machen
die geraden Wege des Herrn? *Apg 13,10*

Es werden reißende Wölfe zu euch kommen, 1588
die die Herde nicht verschonen werden. *Apg 20,29*

Wer meint, er stehe, mag zusehen, daß er nicht falle. 1589
1. Kor 10,12

Er selbst, der Satan, verstellt sich als Engel des Lichts. 1590
Darum ist es nichts Großes,
wenn sich auch seine Diener verstellen
als Diener der Gerechtigkeit;
deren Ende wird sein nach ihren Werken.
2. Kor 11,14–15

1591 Wir haben nicht mit Fleisch und Blut zu kämpfen,
sondern mit Mächtigen und Gewaltigen,
nämlich mit den Herren der Welt,
die in dieser Finsternis herrschen,
mit den bösen Geistern unter dem Himmel.
Eph 6,12

1592 Ergreift den Schild des Glaubens,
mit dem ihr auslöschen könnt
alle feurigen Pfeile des Bösen. *Eph 6,16*

1593 Der Herr ist treu;
der wird euch stärken und bewahren vor dem Bösen.
2.Thess 3,3

1594 Du sollst wissen, daß in den letzten Tagen
schlimme Zeiten kommen werden.
Denn die Menschen werden viel von sich halten,
geldgierig sein, prahlerisch, hochmütig, Lästerer,
den Eltern ungehorsam, undankbar, gottlos,
lieblos, unversöhnlich, verleumderisch, zuchtlos,
wild, dem Guten feind, Verräter, unbedacht, aufgeblasen.
Sie lieben die Wollust mehr als Gott;
sie haben den Schein der Frömmigkeit,
aber deren Kraft verleugnen sie;
solche Menschen meide! *2.Tim 3,1–5*

1595 Seid nüchtern und wacht;
denn euer Widersacher, der Teufel,
geht umher wie ein brüllender Löwe
und sucht, wen er verschlinge.
Dem widersteht, fest im Glauben. *1.Petr 5,8–9*

Der Herr weiß die Frommen aus der Versuchung 1596
zu erretten. *2.Petr 2,9*

Niemand sage, wenn er versucht wird, 1597
daß er von Gott versucht werde.
Denn Gott kann nicht versucht werden zum Bösen,
und er selbst versucht niemand.
Sondern ein jeder, der versucht wird,
wird von seinen eigenen Begierden gereizt und gelockt.
Jak 1,13–14

Widersteht dem Teufel, so flieht er von euch. 1598
Jak 4,7

Der Herr kann euch vor dem Straucheln behüten 1599
und euch untadelig vor das Angesicht seiner
Herrlichkeit stellen. *Jud 24*

Leid und Anfechtung

Selig sind, die da Leid tragen; 1600
denn sie sollen getröstet werden. *Mt 5,4*

Wachet und betet, daß ihr nicht in Anfechtung fallt! 1601
Der Geist ist willig;
aber das Fleisch ist schwach. *Mt 26,41*

Was ich tue, das verstehst du jetzt nicht; 1602
du wirst es aber hernach erfahren. *Joh 13,7*

1603 Euer Herz erschrecke nicht!
Glaubt an Gott und glaubt an mich! *Joh 14,1*

1604 Den Frieden lasse ich euch,
meinen Frieden gebe ich euch.
Nicht gebe ich euch, wie die Welt gibt.
Euer Herz erschrecke nicht und fürchte sich nicht.
Joh 14,27

1605 In der Welt habt ihr Angst;
aber seid getrost, ich habe die Welt überwunden.
Joh 16,33

1606 Ich bin überzeugt, daß dieser Zeit Leiden
nicht ins Gewicht fallen gegenüber der Herrlichkeit,
die an uns offenbart werden soll. *Röm 8,18*

1607 Wir wissen, daß denen, die Gott lieben,
alle Dinge zum Besten dienen,
denen, die nach seinem Ratschluß berufen sind.
Röm 8,28

1608 Der Gott allen Trostes tröstet uns in aller unserer Trübsal,
damit auch wir trösten können, die in allerlei Trübsal sind.
2.Kor 1,3–4

1609 Unsre Trübsal, die zeitlich und leicht ist,
schafft eine ewige und über alle Maßen
gewichtige Herrlichkeit. *2.Kor 4,17*

Damit ich mich wegen der hohen Offenbarungen *1610*
nicht überhebe,
ist mir gegeben ein Pfahl ins Fleisch, nämlich des Satans Engel,
der mich mit Fäusten schlagen soll,
damit ich mich nicht überhebe.
Seinetwegen habe ich dreimal zum Herrn gefleht,
daß er von mir weiche.
Und er hat zu mir gesagt:
Laß dir an meiner Gnade genügen;
denn meine Kraft ist in den Schwachen mächtig.
2. Kor 12,7–9

Ihr seid jetzt traurig in mancherlei Anfechtungen, *1611*
damit euer Glaube als echt befunden werde.
1. Petr 1,6–7

Wen der Herr liebhat, den züchtigt er. *Hebr 12,6* *1612*

Es dient zu eurer Erziehung, wenn ihr dulden müßt; *1613*
wie mit seinen Kindern geht Gott mit euch um.
Hebr 12,7

Jede Züchtigung, wenn sie da ist, *1614*
scheint uns nicht Freude, sondern Leid zu sein;
danach aber bringt sie als Frucht denen,
die dadurch geübt sind, Frieden und Gerechtigkeit.
Hebr 12,11

Selig ist der Mann, der die Anfechtung erduldet; *1615*
denn nachdem er bewährt ist,
wird er die Krone des Lebens empfangen,
die Gott verheißen hat denen, die ihn liebhaben.
Jak 1,12

Verfolgung

1616 Selig sind, die um der Gerechtigkeit willen
verfolgt werden;
denn ihrer ist das Himmelreich. *Mt 5,10*

1617 Selig seid ihr, wenn euch die Menschen
um meinetwillen schmähen und verfolgen
und reden allerlei Übles wider euch,
wenn sie damit lügen. *Mt 5,11*

1618 Wer Häuser oder Brüder oder Schwestern
oder Vater oder Mutter oder Kinder oder Äcker
verläßt um meines Namens willen,
der wird's hundertfach empfangen
und das ewige Leben ererben. *Mt 19,29*

1619 Wenn euch die Welt haßt, so wißt,
daß sie mich vor euch gehaßt hat. *Joh 15,18*

1620 Wäret ihr von der Welt, so hätte die Welt das Ihre lieb.
Weil ihr aber nicht von der Welt seid,
sondern ich euch aus der Welt erwählt habe,
darum haßt euch die Welt. *Joh 15,19*

1621 Es kommt die Zeit, daß, wer euch tötet,
meinen wird, er tue Gott einen Dienst damit.
Joh 16,2

Wir müssen durch viel Bedrängnisse in das Reich Gottes 1622
eingehen. *Apg 14,22*

Bedrängnis bringt Geduld, Geduld aber Bewährung, 1623
Bewährung aber Hoffnung. *Röm 5,3–4*

Wir sind von allen Seiten bedrängt, 1624
aber wir ängstigen uns nicht.
Uns ist bange, aber wir verzagen nicht. *2.Kor 4,8*

Wir geben in nichts irgendeinen Anstoß, 1625
damit unser Amt nicht verlästert werde;
sondern in allem erweisen wir uns als Diener Gottes:
in großer Geduld, in Trübsalen, in Nöten, in Ängsten.
2.Kor 6,3–4

Euch ist es gegeben, um Christi willen, 1626
nicht allein an ihn zu glauben,
sondern auch um seinetwillen zu leiden. *Phil 1,29*

Leide mit als ein guter Streiter Christi Jesu. 1627
2.Tim 2,3

Alle, die fromm leben wollen in Christus Jesus, 1628
müssen Verfolgung leiden. *2.Tim 3,12*

Es ist Gnade, wenn jemand vor Gott 1629
um des Gewissens willen das Übel erträgt
und leidet das Unrecht. *1.Petr 2,19*

1630 Christus hat euch ein Vorbild hinterlassen,
daß ihr sollt nachfolgen seinen Fußtapfen;
der nicht widerschmähte, als er geschmäht wurde,
nicht drohte, als er litt;
er stellte es aber dem anheim, der gerecht richtet.
1.Petr 2,21–23

1631 Selig seid ihr, wenn ihr geschmäht werdet
um des Namens Christi willen,
denn der Geist, der ein Geist der Herrlichkeit
und Gottes ist, ruht auf euch. *1.Petr 4,14*

1632 Niemand unter euch leide als einer,
der in ein fremdes Amt greift. *1.Petr 4,15*

1633 Niemand unter euch leide als ein Mörder oder Dieb
oder Übeltäter. *1.Petr 4,15*

1634 Leidet einer als ein Christ,
so schäme er sich nicht,
sondern ehre Gott mit diesem Namen. *1.Petr 4,16*

Bewährung

1635 Wer beharrt bis ans Ende, der wird selig werden.
Mt 24,13

1636 Laßt uns festhalten an dem Bekenntnis der Hoffnung
und nicht wanken;
denn er ist treu, der sie verheißen hat. *Hebr 10,23*

Werft euer Vertrauen nicht weg, 1637
welches eine große Belohnung hat. *Hebr 10,35*

Sei getreu bis an den Tod, 1638
so will ich dir die Krone des Lebens geben. *Offb 2,10*

Ich habe vor dir eine Tür aufgetan, 1639
und niemand kann sie zuschließen;
denn du hast eine kleine Kraft
und hast mein Wort bewahrt
und hast meinen Namen nicht verleugnet. *Offb 3,8*

Halte, was du hast, daß niemand deine Krone nehme! 1640
Offb 3,11

Der Weg des Christen durch diese Welt

Die Absage an das bisherige Lebensverständnis

1641 Laßt euch nicht verführen!
Schlechter Umgang verdirbt gute Sitten.
1. Kor 15,33

1642 Zieht nicht am fremden Joch mit den Ungläubigen.
Denn was hat das Licht für Gemeinschaft
mit der Finsternis? *2. Kor 6,14*

1643 Ich bezeuge in dem Herrn,
daß ihr nicht mehr leben dürft,
wie die Heiden leben in der Nichtigkeit ihres Sinnes.
Eph 4,17

1644 Verhaltet euch weise gegenüber denen,
die draußen sind. *Kol 4,5*

1645 Das befremdet sie,
daß ihr euch nicht mehr mit ihnen stürzt
in dasselbe wüste, unordentliche Treiben,
und sie lästern. *1. Petr 4,14*

Habt nicht lieb die Welt noch was in der Welt ist. 1646
Wenn jemand die Welt liebhat,
in dem ist nicht die Liebe des Vaters. *1. Joh 2,15*

Die neue Lebensart

Ich übe mich, allezeit ein unverletztes Gewissen 1647
zu haben vor Gott und den Menschen. *Apg 24,16*

Wir sind für Gott ein Wohlgeruch Christi, 1648
unter denen, die gerettet werden,
und unter denen, die verloren werden:
diesen ein Geruch des Todes zum Tode,
jenen aber ein Geruch des Lebens zum Leben.
2. Kor 2,15–16

Prüft, was dem Herrn wohlgefällig ist. *Eph 5,10* 1649

Seht sorgfältig darauf, wie ihr euer Leben führt, 1650
nicht als Unweise, sondern als Weise. *Eph 5,15*

Kaufet die Zeit aus; denn es ist böse Zeit. *Eph 5,16* 1651

Scheint als Lichter mitten unter einem verdorbenen 1652
und verkehrten Geschlecht. *Phil 2,15*

Was wahrhaftig ist, was ehrbar, was gerecht, was rein, 1653
was liebenswert, was einen guten Ruf hat,
darauf seid bedacht! *Phil 4,8*

1654 Alles, was ihr tut mit Worten oder mit Werken,
das tut alles im Namen des Herrn Jesus. *Kol 3,17*

1655 Alles, was ihr tut, das tut von Herzen als dem Herrn
und nicht den Menschen. *Kol 3,23*

1656 Setzt eure Ehre darein, daß ihr ein stilles Leben führt.
1.Thess 4,11

1657 Prüft alles, und das Gute behaltet.
1.Thess 5,21

1658 Führt ein rechtschaffenes Leben unter den Heiden,
damit die, die euch verleumden als Übeltäter,
eure guten Werke sehen und Gott preisen.
1.Petr 2,12

1659 Ihr sagt: Heute oder morgen wollen wir
in die oder die Stadt gehen
und wollen ein Jahr dort zubringen und Handel treiben
und Gewinn machen –,
und wißt nicht, was morgen sein wird.
Was ist euer Leben? Ein Rauch seid ihr,
der eine kleine Zeit bleibt und dann verschwindet.
Dagegen solltet ihr sagen: Wenn der Herr will,
werden wir leben und dies oder das tun. *Jak 4,13–15*

Die neuen Umgangsweisen

Demut

Wer sich selbst erhöht, der wird erniedrigt; 1660
und wer sich selbst erniedrigt, der wird erhöht.
Mt 23,12

Der Herr übt Gewalt mit seinem Arm 1661
und zerstreut, die hoffärtig sind in ihres Herzens Sinn.
Lk 1,51

Wie könnt ihr glauben, 1662
die ihr Ehre voneinander annehmt,
und die Ehre, die von dem alleinigen Gott ist,
sucht ihr nicht? *Joh 5,44*

Niemand halte von sich mehr, 1663
als sich's gebührt zu halten,
wie Gott das Maß des Glaubens ausgeteilt hat.
Röm 12,3

Trachtet nicht nach hohen Dingen, 1664
sondern haltet euch herunter zu den geringen.
Röm 12,16

Haltet euch nicht selbst für klug. *Röm 12,16* 1665

Es rühme sich niemand eines Menschen. *1.Kor 3,21* 1666

1667 Was hast du, das du nicht empfangen hast?
Wenn du es aber empfangen hast,
was rühmst du dich dann,
als hättest du es nicht empfangen? *1.Kor 4,7*

1668 Laßt uns nicht nach eitler Ehre trachten,
einander nicht herausfordern und beneiden.
Gal 5,26

1669 Tut nichts aus Eigennutz oder um eitler Ehre willen.
Phil 2,3

1670 Der Herr wird dir in allen Dingen Verstand geben.
2.Tim 2,7

1671 Alle miteinander haltet fest an der Demut;
denn Gott widersteht den Hochmütigen,
aber den Demütigen gibt er Gnade. *1.Petr 5,5*

1672 Demütigt euch unter die gewaltige Hand Gottes,
damit er euch erhöhe zu seiner Zeit. *1.Petr 5,6*

1673 Wenn es jemandem unter euch an Weisheit mangelt,
so bitte er Gott, der jedermann gern gibt
und niemanden schilt;
so wird sie ihm gegeben werden. *Jak 1,5*

Bereitschaft zu Vergebung und Versöhnung

Vertrage dich mit deinem Gegner sogleich, 1674
solange du noch mit ihm auf dem Weg bist,
damit dich der Gegner nicht dem Richter überantworte.
Mt 5,25

Wenn ihr den Menschen ihre Verfehlungen vergebt, 1675
so wird euch euer himmlischer Vater auch vergeben.
Mt 6,14

Petrus: Wie oft muß ich denn meinem Bruder, 1676
der an mir sündigt, vergeben? Genügt es siebenmal?
Jesus: Ich sage dir: Nicht siebenmal,
sondern siebzigmal siebenmal. 490mal *Mt 18,21–22*

Vergebt einer dem andern, 1677
wie auch Gott euch vergeben hat in Christus.
Eph 4,32

Sorgfalt im Reden

Eure Rede sei: Ja, ja; nein, nein. 1678
Was darüber ist, das ist vom Übel. *Mt 5,37*

Ich sage euch aber, daß die Menschen Rechenschaft 1679
geben müssen am Tage des Gerichts
von jedem nichtsnutzigen Wort, das sie geredet haben.
Mt 12,36

Aus deinen Worten wirst du gerechtfertigt werden, 1680
und aus deinen Worten wirst du verdammt werden.
Mt 12,37

1681 Laßt kein faules Geschwätz aus eurem Mund gehen,
sondern redet, was gut ist,
was erbaut und was notwendig ist,
damit es Segen bringe denen, die es hören.
Eph 4,29

1682 Schandbare und närrische oder lose Reden
stehen euch nicht an, sondern vielmehr Danksagung.
Eph 5,4

1683 Halte dich fern von ungeistlichem losem Geschwätz;
denn es führt mehr und mehr zu ungöttlichem Wesen,
und ihr Wort frißt um sich wie der Krebs.
2.Tim 2,16–17

1684 Ein jeder Mensch sei schnell zum Hören,
langsam zum Reden, langsam zum Zorn.
Denn des Menschen Zorn tut nichts,
was vor Gott recht ist. *Jak 1,19–20*

1685 Wenn jemand meint, er diene Gott,
und hält seine Zunge nicht im Zaum,
sondern betrügt sein Herz,
so ist sein Gottesdienst nichtig. *Jak 1,26*

1686 Wer sich im Wort nicht verfehlt,
der ist ein vollkommener Mann
und kann auch den ganzen Leib im Zaum halten.
Jak 3,2

Die Zunge ist ein kleines Glied 1687
und richtet große Dinge an.
Siehe, ein kleines Feuer,
welch einen Wald zündet's an.

Jak 3,5

Die Zunge ist ein unruhiges Übel, voll tödlichen Giftes. 1688
Mit ihr loben wir den Herrn und Vater,
und mit ihr fluchen wir den Menschen, die nach dem
Bilde Gottes gemacht sind.
Aus *einem* Munde kommt Loben und Fluchen.
Das soll nicht so sein. *Jak 3,8–10*

Vorsicht im Urteilen

Gott läßt seine Sonne aufgehen über Böse und Gute 1689
und läßt regnen über Gerechte und Ungerechte.

Mt 5,45

Richtet nicht, damit ihr nicht gerichtet werdet. 1690

Mt 7,1

Nach welchem Recht ihr richtet, 1691
werdet ihr gerichtet werden;
und mit welchem Maß ihr meßt,
wird euch zugemessen werden. *Mt 7,2*

Was siehst du den Splitter in deines Bruders Auge 1692
und nimmst nicht wahr den Balken in deinem Auge?

Mt 7,3

Richtet nicht nach dem, was vor Augen ist, 1693
sondern richtet gerecht. *Joh 7,24*

1694 Richtet nicht vor der Zeit, bis der Herr kommt,
der auch ans Licht bringen wird,
was im Finstern verborgen ist,
und wird das Trachten der Herzen offenbar machen.
1.Kor 4,5

1695 Einer ist der Gesetzgeber und Richter,
der selig machen und verdammen kann.
Wer aber bist du, daß du den Nächsten verurteilst?
Jak 4,12

Die neue Ausprägung in den Lebensverhältnissen

Besitz

1696 Ihr sollt euch nicht Schätze sammeln auf Erden,
wo sie die Motten und der Rost fressen
und wo die Diebe einbrechen und stehlen.
Sammelt euch aber Schätze im Himmel.
Mt 6,19–20

1697 Wo dein Schatz ist, da ist auch dein Herz. *Mt 6,21*

1698 Niemand kann zwei Herren dienen.
Ihr könnt nicht Gott dienen und dem Mammon.
Mt 6,24

1699 Es ist leichter, daß ein Kamel durch ein Nadelöhr gehe,
als daß ein Reicher ins Reich Gottes komme.
Mt 19,24

1700 Seht zu und hütet euch vor aller Habgier;
denn niemand lebt davon, daß er viele Güter hat.
Lk 12,15

Gleichnis vom reichen Kornbauern *Lk 12,16–20* 1701

Gleichnis vom unehrlichen Verwalter *Lk 16,1–8* 1702

Macht euch Freunde mit dem ungerechten Mammon, 1703
damit, wenn er zu Ende geht,
sie euch aufnehmen in die ewigen Hütten.
Lk 16,9

Gleichnis vom reichen Mann und armen Lazarus 1704
Lk 16,19–31

Die Reichen haben von ihrem Überfluß 1705
zu den Opfern eingelegt;
die arme Witwe hat von ihrer Armut alles eingelegt,
was sie hatte. *Lk 21,4*

Daß du verdammt werdest mitsamt deinem Geld, 1706
weil du meinst, Gottes Gabe werde durch Geld erlangt.
Du hast weder Anteil noch Anrecht an dieser Sache;
denn dein Herz ist nicht rechtschaffen vor Gott.
Apg 8,20–21

Habsucht ist Götzendienst. *Kol 3,5* 1707

Niemand gehe zu weit und übervorteile seinen Bruder 1708
im Handel;
denn der Herr ist ein Richter über das alles. *1.Thess 4,6*

1709 Die reich werden wollen,
die fallen in Versuchung, Verstrickung
und in viele törichte und schädliche Begierden,
welche die Menschen versinken lassen
in Verderben und Verdammnis.
Denn Geldgier ist eine Wurzel alles Übels.
Du, Gottesmensch, fliehe das! *1.Tim 6,9–11*

1710 Den Reichen gebiete, daß sie Gutes tun,
reich werden an guten Werken, gerne geben,
behilflich seien, sich selbst einen Schatz
sammeln als guten Grund für die Zukunft,
damit sie das wahre Leben ergreifen. *1.Tim 6,17–19*

1711 Den Reichen in dieser Welt gebiete,
daß sie nicht stolz seien,
auch nicht hoffen auf den unsicheren Reichtum,
sondern auf Gott. *1.Tim 6,17*

1712 Seid nicht geldgierig
und laßt euch genügen an dem, was da ist. *Hebr 13,5*

Arbeit

1713 Es ist genug, daß jeder Tag seine eigene Plage hat.
Mt 6,34

1714 Seid nicht träge in dem, was ihr tun sollt. *Röm 12,11*

Wer gestohlen hat, der stehle nicht mehr, 1715
sondern arbeite und schaffe mit den eigenen Händen
das nötige Gut, damit er dem Bedürftigen abgeben kann.
Eph 4,28

Schafft das Eure und arbeitet mit euren eigenen Händen, 1716
damit ihr ehrbar lebt vor denen, die draußen sind,
und auf niemanden angewiesen seid.
1.Thess 4,11–12

Wer nicht arbeiten will, der soll auch nicht essen. 1717
2.Thess 3,10

Lebensstil

Die Frauen sollen sich in schicklicher Kleidung 1718
schmücken mit Anstand und Zucht. *1.Tim 2,9*

Die Frömmigkeit ist ein großer Gewinn für den, 1719
der sich genügen läßt.
Denn wir haben nichts in die Welt gebracht;
darum werden wir auch nichts hinausbringen.
Wenn wir aber Nahrung und Kleider haben,
so wollen wir uns daran genügen lassen.
1.Tim 6,6–8

Euer Schmuck soll nicht äußerlich sein, 1720
sondern der verborgene Mensch des Herzens
im unvergänglichen Schmuck des
sanften und stillen Geistes:
das ist köstlich vor Gott. *1.Petr 3,3–4*

Lebensunterhalt

1721 Sorgt nicht für morgen,
denn der morgige Tag wird für das Seine sorgen.
Mt 6,34

1722 Wer ist unter euch, der seines Lebens Länge
eine Spanne zusetzen könnte,
wie sehr er sich auch darum sorgt? *Mt 6,27*

1723 Sorgt nicht um euer Leben, was ihr essen
und trinken werdet,
auch nicht um euren Leib, was ihr anziehen werdet.
Ist nicht das Leben mehr als die Nahrung
und der Leib mehr als die Kleidung?
Seht die Vögel unter dem Himmel an:
sie säen nicht, sie ernten nicht,
sie sammeln nicht in die Scheunen;
und euer himmlischer Vater ernährt sie doch.
Seid ihr denn nicht viel mehr als sie? *Mt 6,25–26*

1724 Warum sorgt ihr euch um die Kleidung?
Schaut die Lilien auf dem Feld an, wie sie wachsen:
sie arbeiten nicht, auch spinnen sie nicht.
Wenn nun Gott das Gras auf dem Feld so kleidet,
das doch heute steht
und morgen in den Ofen geworfen wird:
sollte er das nicht viel mehr für euch tun,
ihr Kleingläubigen? *Mt 6,28.30*

Ihr sollt nicht sorgen und sagen: *1725*
Was werden wir essen? Was werden wir trinken?
Womit werden wir uns kleiden?
Nach dem allen trachten die Heiden.
Euer himmlischer Vater weiß, daß ihr all dessen bedürft.
Mt 6,31–32

Kauft man nicht zwei Sperlinge für einen Groschen? *1726*
Dennoch fällt keiner von ihnen auf die Erde
ohne euren Vater.
Nun aber sind auch eure Haare auf dem Haupt
alle gezählt.
Darum fürchtet euch nicht;
ihr seid besser als viele Sperlinge. *Mt 10,29–31*

Sorgt euch um nichts, *1727*
sondern in allen Dingen laßt eure Bitten
in Gebet und Flehen mit Danksagung
vor Gott kundwerden! *Phil 4,6*

Alle eure Sorge werft auf ihn; *1728*
denn er sorgt für euch. *1. Petr 5,7*

Essen und Trinken

Unser tägliches Brot gib uns heute. *Mt 6,11* *1729*

Sammelt die übrigen Brocken, damit nichts umkommt. *1730*
Joh 6,12

Sorgt für den Leib nicht so, daß ihr den Begierden *1731*
verfallt. *Röm 13,14*

1732 Das Reich Gottes ist nicht Essen und Trinken,
sondern Gerechtigkeit, Friede und Freude in dem
heiligen Geist. *Röm 14,17*

1733 Die Speise dem Bauch und der Bauch der Speise;
aber Gott wird das eine wie das andere zunichte
machen. *1.Kor 6,13*

1734 Ob ihr eßt oder trinkt oder was ihr auch tut,
das tut alles zu Gottes Ehre. *1.Kor 10,31*

1735 Sauft euch nicht voll Wein,
woraus ein unordentlich Wesen folgt,
sondern laßt euch vom Geist erfüllen. *Eph 5,18*

1736 Trinke nicht mehr nur Wasser, sondern nimm
ein wenig Wein dazu um des Magens willen
und weil du oft krank bist. *1.Tim 5,23*

Die neue Einstellung zum Nächsten

Die neue Einstellung zwischen Mann und Frau

1737 Der Mann leiste der Frau, was er ihr schuldig ist,
desgleichen die Frau dem Mann. *1.Kor 7,3*

1738 Die Frau verfügt nicht über ihren Leib, sondern der Mann.
Ebenso verfügt der Mann nicht über seinen Leib,
sondern die Frau.
Entziehe sich nicht eins dem andern. *1.Kor 7,4–5*

Den Verheirateten gebietet der Herr, daß die Frau 1739
sich nicht von ihrem Manne scheiden soll –
hat sie sich aber geschieden, soll sie ohne Ehe bleiben
oder sich mit ihrem Mann versöhnen –
und daß der Mann nicht seine Frau verstoßen soll.
1. Kor 7,10–11

Dies sage ich, nicht der Herr: 1740
Wenn ein Bruder eine ungläubige Frau hat
und es gefällt ihr, bei ihm zu wohnen,
so soll er sich nicht von ihr scheiden. *1. Kor 7,12*

Wenn eine Frau einen ungläubigen Mann hat 1741
und es gefällt ihm, bei ihr zu wohnen,
so soll sie sich nicht von ihm scheiden. *1. Kor 7,13*

Wenn der Ungläubige sich scheiden will, 1742
so laß ihn sich scheiden.
Was weißt du, Frau, ob du den Mann retten wirst?
Oder du Mann, was weißt du,
ob du die Frau retten wirst? *1. Kor 7,16*

Eine Frau ist gebunden, solange ihr Mann lebt; 1743
wenn aber der Mann entschläft,
ist sie frei, zu heiraten, wen sie will;
nur daß es in dem Herrn geschehe. *1. Kor 7,39*

Christus ist das Haupt eines jeden Mannes; 1744
der Mann aber ist das Haupt einer jeden Frau;
Gott aber ist das Haupt Christi. *1. Kor 11,3*

1745 Ihr Frauen, ordnet euch euren Männern unter
wie dem Herrn. *Eph 5,22*

1746 Ihr Männer, liebt eure Frauen,
wie auch Christus die Gemeinde geliebt hat. *Eph 5,25*

1747 Die Männer sollen ihre Frauen lieben
wie ihren eigenen Leib.
Wer seine Frau liebt, der liebt sich selbst. *Eph 5,28*

1748 Meidet die Unzucht und suche ein jeder von euch
seine eigene Frau zu gewinnen in Heiligkeit
und Ehrerbietung,
nicht in gieriger Lust wie die Heiden,
die von Gott nichts wissen. *1.Thess 4,3–5*

1749 Den alten Männern sage, daß sie nüchtern seien,
ehrbar, besonnen, gesund im Glauben,
in der Liebe, in der Geduld. *Tit 2,2*

1750 Den alten Frauen sage, daß sie sich verhalten,
wie es sich für Heilige ziemt,
nicht verleumderisch, nicht dem Trunk ergeben.
Sie sollen die jungen Frauen anhalten,
daß sie ihre Männer lieben, ihre Kinder lieben,
besonnen seien, keusch, häuslich, gütig
und sich ihren Männern unterordnen,
damit nicht das Wort Gottes verlästert werde.
Tit 2,3–4

Ihr Frauen sollt euch den Männern unterordnen, 1751
damit auch die, die nicht an das Wort glauben,
durch das Leben ihrer Frauen ohne Worte
gewonnen werden. *1. Petr 3,1*

Ihr Männer, 1752
wohnt vernünftig mit euren Frauen zusammen
und gebt dem weiblichen Geschlecht als dem
schwächeren seine Ehre. *1. Petr 3,7*

Auch die Frauen sind Miterben der Gnade des Lebens. 1753
1. Petr 3,7

Die Ehe soll in Ehren gehalten werden bei allen 1754
und das Ehebett unbefleckt;
denn die Unzüchtigen und die Ehebrecher wird
Gott richten. *Hebr 13,4*

Die neue Einstellung zwischen Eltern und Kindern

Ihr Kinder, seid gehorsam euren Eltern in dem Herrn; 1755
denn das ist recht.
»Ehre Vater und Mutter«, das ist das erste Gebot,
das eine Verheißung hat. *Eph 6,1–3*

Ihr Väter, reizt eure Kinder nicht zum Zorn, 1756
sondern erzieht sie in der Zucht
und Ermahnung des Herrn. *Eph 6,4*

Ihr Väter, erbittert eure Kinder nicht, 1757
damit sie nicht scheu werden. *Kol 3,21*

1758 Wenn jemand die Seinen, besonders seine Hausgenossen,
nicht versorgt,
hat er den Glauben verleugnet
und ist schlimmer als ein Heide. *1.Tim 5,8*

Die neue Einstellung zwischen Herren und Knechten

1759 Jeder bleibe in der Berufung, in der er berufen wurde.
Bist du als Knecht berufen, so sorge dich nicht;
doch kannst du frei werden, so nutze es um so lieber.
1.Kor 7,20–21

1760 Ihr Sklaven, seid gehorsam euren irdischen Herren;
nicht mit Dienst allein vor Augen,
um den Menschen zu gefallen,
sondern als Knechte Christi. *Eph 6,5–6*

1761 Ihr Herren, laßt euren Sklaven gegenüber das Drohen;
denn ihr wißt, daß euer und ihr Herr im Himmel ist,
und bei ihm gilt kein Ansehen der Person. *Eph 6,9*

1762 Alle, die als Sklaven unter dem Joch sind,
sollen ihre Herren aller Ehre wert halten,
damit nicht der Name Gottes und die Lehre
verlästert werde. *1.Tim 6,1*

1763 Wenn Sklaven gläubige Herren haben,
sollen sie diese nicht weniger ehren,
weil sie Brüder sind,
sondern sollen ihnen um so mehr dienstbar sein.
1.Tim 6,2

Den Sklaven sage, daß sie sich ihren Herren 1764
in allen Dingen unterordnen,
ihnen gefällig seien, nicht widersprechen,
nichts veruntreuen,
sondern sich in allem als gut und treu erweisen.
Tit 2,9–10

Ihr Sklaven, ordnet euch in aller Furcht 1765
den Herren unter,
nicht allein den gütigen und freundlichen,
sondern auch den wunderlichen. *1. Petr 2,18*

Die neue Einstellung zur Obrigkeit

Gebt dem Kaiser, was des Kaisers ist, 1766
und Gott, was Gottes ist! *Mt 22,21*

Jedermann sei untertan der Obrigkeit, 1767
die Gewalt über ihn hat. *Röm 13,1*

Wo Obrigkeit ist, die ist von Gott angeordnet. 1768
Röm 13,1

Wer sich der Obrigkeit widersetzt, 1769
der widerstrebt der Anordnung Gottes;
die ihr aber widerstreben, ziehen sich selbst
das Urteil zu. *Röm 13,2*

Willst du dich nicht fürchten vor der Obrigkeit, 1770
so tue Gutes;
so wirst du Lob von ihr erhalten. *Röm 13,3*

1771 Die Obrigkeit ist Gottes Dienerin, dir zugut. *Röm 13,4*

1772 Tust du Böses, so fürchte dich;
denn die Obrigkeit trägt das Schwert nicht umsonst:
sie ist Gottes Dienerin und vollzieht das Strafgericht
an dem, der Böses tut. *Röm 13,4*

1773 Es ist notwendig, sich der Obrigkeit unterzuordnen,
nicht allein um der Strafe, sondern auch um des
Gewissens willen. *Röm 13,5*

1774 Ihr zahlt Steuer; denn die Obrigkeit ist Gottes Dienerin,
auf diesen Dienst beständig bedacht. *Röm 13,6*

1775 Gebt jedem, was ihr schuldig seid:
Steuer, dem die Steuer gebührt;
Zoll, dem der Zoll gebührt;
Furcht, dem die Furcht gebührt;
Ehre, dem die Ehre gebührt. *Röm 13,7*

1776 Man tue vor allen Dingen Bitte, Gebet,
Fürbitte und Danksagung für alle Menschen,
für die Könige und für alle Obrigkeit,
damit wir ein ruhiges und stilles Leben führen können
in aller Frömmigkeit und Ehrbarkeit.
Dies ist gut und wohlgefällig vor Gott, unserm Heiland.
1.Tim 2,1–3

Erinnere sie daran, daß sie der Gewalt 1777
der Obrigkeit untertan und gehorsam seien. *Tit 3,1*

Ehrt den König! *1. Petr 2,17* 1778

Seid untertan aller menschlichen Ordnung 1779
um des Herrn willen,
es sei dem König als dem Obersten oder den Statthaltern
als denen, die von ihm gesandt sind
zur Bestrafung der Übeltäter
und zum Lob derer, die Gutes tun. *1. Petr 2,13–14*

Die neue Einstellung zum Gegner

Ihr sollt nicht widerstreben dem Übel, sondern: 1780
wenn dich jemand auf deine rechte Backe schlägt,
dem biete die andere auch dar. *Mt 5,39*

Liebt eure Feinde und bittet für die, die euch verfolgen, 1781
damit ihr Kinder seid eures Vaters im Himmel.
Mt 5,44

Habe ich übel geredet, so beweise, daß es böse ist; 1782
habe ich aber recht geredet, was schlägst du mich?
Joh 18,23

Segnet, die euch verfolgen; 1783
segnet, und fluchet nicht. *Röm 12,14*

Vergeltet niemand Böses mit Bösem. *Röm 12,17* 1784

1785 Rächt euch nicht selbst,
sondern gebt Raum dem Zorn Gottes;
denn es steht geschrieben:
»Die Rache ist mein, ich will vergelten,
spricht der Herr.« *Röm 12,19*

1786 Laß dich nicht vom Bösen überwinden,
sondern überwinde das Böse mit Gutem. *Röm 12,21*

1787 Seht zu, daß keiner dem andern Böses mit Bösem vergelte,
sondern jagt allezeit dem Guten nach
untereinander und gegen jedermann. *1.Thess 5,15*

1788 Vergeltet nicht Böses mit Bösem oder Scheltwort
mit Scheltwort,
sondern segnet vielmehr, weil ihr dazu berufen seid,
daß ihr den Segen ererbt. *1.Petr 3,9*

Die neue Einstellung zu Menschen in Not

1789 Wer ein Kind aufnimmt in meinem Namen,
der nimmt mich auf. *Mt 18,5*

1790 Denkt an die Mißhandelten, weil ihr auch
noch im Leibe lebt. *Hebr 13,3*

1791 Denkt an die Gefangenen, als wärt ihr Mitgefangene.
Hebr 13,3

Ein reiner und unbefleckter Gottesdienst 1792
vor Gott, dem Vater, ist der:
die Waisen und Witwen in ihrer Trübsal besuchen
und sich selbst von der Welt unbefleckt halten.
Jak 1,27

Gastfreundschaft

Wenn ihr anerkennt, daß ich an den Herrn glaube, 1793
so kommt in mein Haus und bleibt da. *Apg 16,15*

Übt Gastfreundschaft. *Röm 12,13* 1794

Seid gastfrei untereinander ohne Murren. 1795
1.Petr 4,9

Gastfrei zu sein vergeßt nicht; 1796
denn dadurch haben einige ohne ihr Wissen
Engel beherbergt. *Hebr 13,2*

Die Gemeinde Jesu

Der Herr der Gemeinde

1797 Gott hat Christus der Gemeinde gesetzt zum Haupt,
welche sein Leib ist. *Eph 1,22–23*

1798 Christus hat die Gemeinde geliebt
und hat sich selbst für sie dahingegeben,
um sie zu heiligen. *Eph 5,25*

1799 Christus hat die Gemeinde gereinigt
durch das Wasserbad im Wort. *Eph 5,25*

1800 Christus ist das Haupt des Leibes,
nämlich der Gemeinde. *Kol 1,18*

1801 Das Haus Gottes,
das ist die Gemeinde des lebendigen Gottes,
ein Pfeiler und eine Grundfeste der Wahrheit.
1.Tim 3,15

Die Bestimmung der Gemeinde

Fürchte dich nicht, du kleine Herde! 1802
Denn es hat eurem Vater wohlgefallen,
euch das Reich zu geben. *Lk 12,32*

Ist dies Vorhaben oder Werk von Menschen, 1803
so wird's untergehen;
ist es aber von Gott, so könnt ihr sie nicht vernichten –
damit ihr nicht dasteht als solche,
die gegen Gott streiten wollen. *Apg 5,38–39*

Hier ist nicht Jude noch Grieche, 1804
hier ist nicht Sklave noch Freier,
hier ist nicht Mann noch Frau;
denn ihr seid allesamt einer in Christus Jesus.
Gal 3,28

Ihr seid nicht mehr Gäste und Fremdlinge, 1805
sondern Mitbürger der Heiligen
und Gottes Hausgenossen. *Eph 2,19*

Als lebendige Steine erbaut euch zum geistlichen Haus 1806
und zur heiligen Priesterschaft,
zu opfern geistliche Opfer,
die Gott wohlgefällig sind durch Christus Jesus.
1.Petr 2,5

Ihr seid das auserwählte Geschlecht, 1807
die königliche Priesterschaft, das heilige Volk,
das Volk des Eigentums. *1.Petr 2,9*

Der Aufbau der Gemeinde

1808 Es sind viele Glieder, aber der Leib ist *einer.*
Das Auge kann nicht sagen zu der Hand:
Ich brauche dich nicht;
oder auch das Haupt zu den Füßen:
Ich brauche euch nicht.
Vielmehr sind die Glieder des Leibes,
die uns die schwächsten zu sein scheinen,
die nötigsten;
und die uns am wenigsten ehrbar zu sein scheinen,
die umkleiden wir mit besonderer Ehre,
und bei den unanständigen achten wir besonders
auf Anstand. *1. Kor 12,20–23*

1809 Von Christus aus ist der ganze Leib zusammengefügt,
und ein Glied hängt am andern durch alle Gelenke,
wodurch jedes Glied das andere unterstützt
nach dem Maß seiner Kraft
und macht, daß der Leib wächst
und sich selbst aufbaut in der Liebe. *Eph 4,16*

1810 Vom Haupt her wird der ganze Leib durch Gelenke
und Bänder gestützt und zusammengehalten
und wächst durch Gottes Wirken. *Kol 2,19*

Das Ziel der Gemeinde

1811 Wir sollen hingelangen zur Einheit des Glaubens
und der Erkenntnis des Sohnes Gottes. *Eph 4,13*

Wir sollen zum vollen Maß der Fülle Christi hingelangen. *1812*
Eph 4,13

Laßt uns wachsen in allen Stücken zu dem hin, *1813*
der das Haupt ist, Christus. *Eph 4,15*

Die Einheit der Gemeinde

Ich habe noch andere Schafe, *1814*
die sind nicht aus diesem Stall;
auch sie muß ich herführen,
und sie werden meine Stimme hören,
und es wird *eine* Herde und *ein* Hirte werden.
Joh 10,16

Ich bitte auch für die, *1815*
die durch ihr Wort an mich glauben werden,
damit sie alle eins seien.
Wie du, Vater, in mir bist, und ich in dir,
so sollen auch sie in uns sein,
damit die Welt glaube, daß du mich gesandt hast.
Joh 17,20–21

Ich habe ihnen die Herrlichkeit gegeben, *1816*
die du mir gegeben hast,
damit sie eins seien, wie wir eins sind. *Joh 17,22*

Wie wir an *einem* Leib viele Glieder haben, *1817*
aber nicht alle Glieder dieselbe Aufgabe haben,
so sind wir viele *ein* Leib in Christus,
aber untereinander ist einer des andern Glied.
Röm 12,4–5

1818 Die Heiden sind Miterben
und gehören mit zu seinem Leib
und sind Mitgenossen der Verheißung
in Christus Jesus durch das Evangelium. *Eph 3,6*

1819 Seid darauf bedacht, zu wahren die Einigkeit
im Geist durch das Band des Friedens:
ein Leib und *ein* Geist. *Eph 4,3–4*

1820 Ihr seid berufen zu *einer* Hoffnung. *Eph 4,4*

1821 Es ist *ein* Herr, *ein* Glaube, *eine* Taufe;
ein Gott und Vater aller,
der da ist über allen und durch alle und in allen.
Eph 4,5–6

Die Versammlungen der Gemeinde

1822 Wo zwei oder drei versammelt sind in meinem Namen,
da bin ich mitten unter ihnen. *Mt 18,20*

1823 Mein Haus soll ein Bethaus heißen;
ihr aber macht eine Räuberhöhle daraus. *Mt 21,13*

1824 Ihr Narren und Blinden!
Was ist mehr: das Gold oder der Tempel,
der das Gold heilig macht? *Mt 23,17*

Sie blieben aber beständig in der Lehre der Apostel 1825
und in der Gemeinschaft und im Brotbrechen
und im Gebet. *Apg 2,42*

Gott, der die Welt gemacht hat und alles, was drin ist, 1826
er, der Herr des Himmels und der Erde,
wohnt nicht in Tempeln, die mit Händen gemacht sind.
Apg 17,24

Wie in allen Gemeinden der Heiligen sollen 1827
die Frauen schweigen in der Gemeindeversammlung;
denn es ist ihnen nicht gestattet zu reden.
Wollen sie aber etwas lernen,
so sollen sie daheim ihre Männer fragen.
Es steht der Frau schlecht an, in der Gemeinde zu reden.
1. Kor 14,34–35

Wir sind der Tempel des lebendigen Gottes. *2. Kor 6,16* 1828

Laßt uns nicht verlassen unsere Versammlungen. 1829
Hebr 10,25

Der Gemeinschaftssinn der Gemeinde Jesu

Die Herrscher halten ihre Völker nieder, 1830
und die Mächtigen tun ihnen Gewalt an.
So soll es nicht sein unter euch;
sondern wer unter euch groß sein will,
der sei euer Diener;
und wer unter euch der Erste sein will,
der sei euer Knecht. *Mt 20,25–27*

1831 Wißt ihr, was ich euch getan habe?
Ihr nennt mich Meister und Herr
und sagt es mit Recht, denn ich bin's auch.
Wenn ich nun, euer Herr und Meister,
euch die Füße gewaschen habe,
so sollt auch ihr euch untereinander die Füße waschen.
Joh 13,12–14

1832 Nehmt einander an,
wie Christus euch angenommen hat,
zu Gottes Lob. *Röm 15,7*

1833 Gott hat den Leib zusammengefügt
und dem geringeren Glied höhere Ehre gegeben,
damit im Leib keine Spaltung sei,
sondern die Glieder in gleicher Weise füreinander
sorgen. *1.Kor 12,24–25*

1834 Wenn *ein* Glied leidet, so leiden alle Glieder mit,
und wenn *ein* Glied geehrt wird, so freuen sich
alle Glieder mit. *1.Kor 12,26*

1835 Laßt euch zurechtbringen, laßt euch mahnen!
2.Kor 13,11

1836 Wenn ein Mensch etwa von einer Verfehlung
ereilt wird,
so helft ihm wieder zurecht mit sanftmütigem Geist,
ihr, die ihr geistlich seid. *Gal 6,1*

In Demut achte einer den andern höher als sich selbst. 1837
Phil 2,3

Ertrage einer den andern. *Kol 3,13* 1838

Tröstet die Kleinmütigen. *1.Thess 5,14* 1839

Weist die Unordentlichen zurecht. *1.Thess 5,15* 1840

Wenn wir im Licht wandeln, wie er im Licht ist, 1841
so haben wir Gemeinschaft untereinander. *1.Joh 1,7*

Laßt uns aufeinander achthaben. *Hebr 10,24* 1842

Seht darauf, daß nicht jemand Gottes Gnade versäume. 1843
Hebr 12,15

Die Liebe als Grundlage der Gemeinschaft

Ein Beispiel habe ich euch gegeben, 1844
damit ihr tut, wie ich euch getan habe. *Joh 13,15*

Ein neues Gebot gebe ich euch, 1845
daß ihr euch untereinander liebt,
wie ich euch geliebt habe.
Daran wird jedermann erkennen,
daß ihr meine Jünger seid,
wenn ihr Liebe untereinander habt. *Joh 13,34–35*

1846 Seid niemand etwas schuldig,
außer, daß ihr euch untereinander liebt. *Röm 13,8*

1847 Die brüderliche Liebe untereinander sei herzlich.
Einer komme dem andern mit Ehrerbietung zuvor.
Röm 12,10

1848 Ertragt einer den andern in Liebe. *Eph 4,2*

1849 Der Herr lasse euch immer reicher werden
in der Liebe untereinander und zu jedermann.
1.Thess 3,12

1850 Die Herzen der Heiligen sind erquickt durch dich,
lieber Bruder. *Phlm 7*

1851 Vor allen Dingen habt untereinander beständige Liebe.
1.Petr 4,8

1852 Wir sollen uns anreizen zur Liebe und zu guten Werken.
Hebr 10,24

1853 Bleibt fest in der brüderlichen Liebe. *Hebr 13,1*

Von Frieden und Streit

1854 Sündigt dein Bruder an dir, so geh hin
und weise ihn zurecht zwischen dir und ihm allein.
Hört er auf dich, so hast du deinen Bruder gewonnen.
Hört er nicht auf dich, so nimm noch einen oder zwei
zu dir, damit jede Sache durch den Mund

von zwei oder drei Zeugen bestätigt werde.
Hört er nicht auf dich, so sage es der Gemeinde.
Hört er auch auf die Gemeinde nicht,
so sei er für dich wie ein Heide oder Zöllner.
Mt 18,15–17

Seid eines Sinnes untereinander. *Röm 12,16* 1855

Wer bist du, daß du einen fremden Knecht richtest? 1856
Er steht oder fällt seinem Herrn. *Röm 14,4*

Was richtest du deinen Bruder? 1857
Oder was verachtest du deinen Bruder?
Wir werden alle vor den Richterstuhl Gottes
gestellt werden. *Röm 14,10*

Es soll doch nicht verlästert werden, 1858
was ihr Gutes habt. *Röm 14,16*

Laßt uns dem nachstreben, was zum Frieden dient 1859
und zur Erbauung untereinander. *Röm 14,19*

Gott gebe euch, daß ihr einträchtig gesinnt seid 1860
untereinander, Christus Jesus gemäß,
damit ihr einmütig mit *einem* Munde Gott lobt.
Röm 15,5–6

Redet alle mit einer Stimme und laßt keine Spaltungen 1861
unter euch sein, sondern haltet aneinander fest
in *einem* Sinn und in *einer* Meinung. *1. Kor 1,10*

1862 Wenn Eifersucht und Zank unter euch sind,
seid ihr da nicht fleischlich
und lebt nach Menschenweise? *1. Kor 3,3*

1863 Wie kann jemand von euch wagen,
wenn er einen Streit hat mit einem andern,
sein Recht zu suchen vor den Ungerechten
und nicht vor den Heiligen? *1. Kor 6,1*

1864 Es ist schlimm genug, daß ihr miteinander rechtet.
Warum laßt ihr euch nicht lieber Unrecht tun?
Warum laßt ihr euch nicht lieber übervorteilen?
1. Kor 6,7

1865 Ist jemand unter euch, der Lust hat, darüber
(über die Kopfbedeckung der Frau im Gottesdienst)
zu streiten, so soll er wissen, daß wir diese Sitte
nicht haben, die Gemeinden Gottes auch nicht.
1. Kor 11,16

1866 Habt einerlei Sinn, haltet Frieden!
So wird der Gott der Liebe und des Friedens
mit euch sein. *2. Kor 13,11*

1867 Seid *eines* Sinnes, habt gleiche Liebe,
seid einmütig und einträchtig. *Phil 2,2*

1868 Vergebt euch untereinander,
wenn jemand Klage hat gegen den andern;
wie der Herr euch vergeben hat,
so vergebt auch ihr. *Kol 3,13*

Haltet Frieden untereinander. *1.Thess 5,13* 1869

Wer sagt, er sei im Licht, und haßt seinen Bruder, 1870
der ist noch in der Finsternis. *1.Joh 2,9*

Seht darauf, daß nicht etwa eine bittere 1871
Wurzel aufwachse und Unfrieden anrichte
und viele durch sie unrein werden. *Hebr 12,15*

Seufzt nicht widereinander, 1872
damit ihr nicht gerichtet werdet.
Siehe, der Richter steht vor der Tür. *Jak 5,9*

Die Starken und die Schwachen

Den Schwachen im Glauben nehmt an 1873
und streitet nicht über Meinungen. *Röm 14,1*

Der eine glaubt, er dürfe alles essen; 1874
wer aber schwach ist, der ißt kein Fleisch. *Röm 14,2*

Wer ißt, der verachte den nicht, der nicht ißt; 1875
und wer nicht ißt, der richte den nicht, der ißt.
Röm 14,3

Der eine hält einen Tag für höher als den andern; 1876
der andere aber hält alle Tage für gleich.
Ein jeder sei seiner Meinung gewiß. *Röm 14,5*

1877 Bringe nicht durch deine Speise den ins Verderben,
für den Christus gestorben ist. *Röm 14,15*

1878 Wir, die wir stark sind, sollen das Unvermögen
der Schwachen tragen
und nicht Gefallen an uns selber haben. *Röm 15,1*

1879 Erregt keinen Anstoß, weder bei den Juden
noch bei den Griechen noch bei der Gemeinde Gottes.
1.Kor 10,32

1880 Tragt die Schwachen. *1.Thess 5,14*

Das Mahl des Herrn

1881 Wer mein Fleisch ißt und mein Blut trinkt,
der bleibt in mir und ich in ihm. *Joh 6,56*

1882 Ich habe es von dem Herrn empfangen,
was ich euch weitergegeben habe:
Der Herr Jesus, in der Nacht, da er verraten ward,
nahm er das Brot, dankte und brach's und sprach:
Das ist mein Leib, der für euch gegeben wird;
das tut zu meinem Gedächtnis.
Desgleichen nahm er auch den Kelch nach dem Mahl
und sprach:
Dieser Kelch ist der neue Bund in meinem Blut;
das tut, sooft ihr daraus trinkt, zu meinem Gedächtnis.
Denn sooft ihr von diesem Brot eßt

und aus dem Kelch trinkt,
verkündigt ihr den Tod des Herrn, bis er kommt.
1.Kor 11,23–26

Wer unwürdig von dem Brot ißt 1883
oder aus dem Kelch des Herrn trinkt,
der wird schuldig sein am Leib und Blut des Herrn.
Der Mensch prüfe aber sich selbst.
Denn wer so ißt und trinkt,
daß er den Leib des Herrn nicht achtet,
der ißt und trinkt sich selber zum Gericht.
1.Kor 11,27–29

Der Lastenausgleich

Nehmt euch der Nöte der Heiligen an. *Röm 12,13* 1884

An jedem ersten Tag der Woche lege ein 1885
jeder von euch bei sich etwas zurück
und sammle an, soviel ihm möglich ist,
damit die Sammlung nicht erst dann geschieht,
wenn ich komme. *1.Kor 16,2*

Euer Überfluß helfe ihrem Mangel ab. *2.Kor 8,14* 1886

Wer da kärglich sät, der wird auch kärglich ernten; 1887
und wer da sät im Segen, der wird auch ernten im Segen.
Ein jeder, wie er's sich im Herzen vorgenommen hat,
nicht mit Unwillen oder aus Zwang;
denn einen fröhlichen Geber hat Gott lieb.
2.Kor 9,6–7

1888 Einer trage des andern Last,
so werdet ihr das Gesetz Christi erfüllen. *Gal 6,2*

1889 Wenn jemand dieser Welt Güter hat
und sieht seinen Bruder darben
und schließt sein Herz vor ihm zu,
wie bleibt dann die Liebe Gottes in ihm? *1.Joh 3,17*

Alt und Jung beieinander

1890 Einen Älteren fahre nicht an, sondern ermahne ihn
wie einen Vater. *1.Tim 5,1*

1891 Die jüngeren Männer ermahne wie Brüder. *1.Tim 5,1*

1892 Die älteren Frauen ermahne wie Mütter. *1.Tim 5,2*

1893 Die jüngeren Frauen ermahne wie Schwestern,
mit allem Anstand. *1.Tim 5,2*

1894 Ehre die Witwen, die rechte Witwen sind.
Eine, die ausschweifend lebt, ist lebendig tot.
1.Tim 5,3.6

1895 Ermahne die jungen Männer, daß sie besonnen
seien in allen Dingen. *Tit 2,6–7*

Ihr Jüngeren, ordnet euch den Älteren unter. 1896
1. Petr 5,5

Die Geistesgaben

Es sind verschiedene Gaben; aber es ist *ein* Geist. 1897
Und es sind verschiedene Ämter; aber es ist *ein* Herr.
Und es sind verschiedene Kräfte; aber es ist *ein* Gott,
der da wirkt alles in allen. *1. Kor 12,4–6*

In einem jeden offenbart sich der Geist zum Nutzen aller; 1898
dem einen wird durch den Geist gegeben,
von der Weisheit zu reden;
dem andern wird gegeben, von der Erkenntnis zu reden,
nach demselben Geist;
einem andern Glaube, in demselben Geist;
einem andern, gesund zu machen, in dem *einen* Geist;
einem andern die Kraft, Wunder zu tun;
einem andern prophetische Rede;
einem andern die Gabe, die Geister zu unterscheiden;
einem andern mancherlei Zungenrede;
einem andern die Gabe, sie auszulegen.
1. Kor 12,7–10

Bemüht euch um die Gaben des Geistes, 1899
am meisten aber um die Gabe der prophetischen Rede!
1. Kor 14,1

Wer in Zungen redet, der erbaut sich selbst; 1900
wer aber prophetisch redet, der erbaut die Gemeinde.
1. Kor 14,4

1901 Wenn die Posaune einen undeutlichen Ton gibt,
wer wird sich zum Kampf rüsten?
So auch ihr, wenn ihr in Zungen redet
und nicht mit deutlichen Worten,
wie kann man wissen, was gemeint ist?
Ihr werdet in den Wind reden.
Wer also in Zungen redet, der bete,
daß er's auch auslegen könne. *1.Kor 14,8–9.13*

1902 Wenn ihr nun zusammenkommt,
so hat ein jeder einen Psalm,
er hat eine Lehre, er hat eine Offenbarung,
er hat eine Zungenrede, er hat eine Auslegung.
Laßt es alles geschehen zur Erbauung! *1.Kor 14,26*

1903 Einem jeden von uns ist die Gnade gegeben
nach dem Maß der Gabe Christi. *Eph 4,7*

1904 Ermuntert einander mit Psalmen und Lobgesängen
und geistlichen Liedern. *Eph 5,19*

1905 Laßt das Wort Christi reichlich unter euch wohnen:
lehrt und ermahnt einander in aller Weisheit.
Kol 3,16

1906 Den Geist dämpft nicht. *1.Thess 5,19*

Dient einander, ein jeglicher mit der Gabe, 1907
die er empfangen hat,
als die guten Haushalter der mancherlei Gnade Gottes.
1.Petr 4,10

Ämter und Dienste

Ihr sollt euch nicht Rabbi nennen lassen; 1908
denn einer ist euer Meister; ihr aber seid alle Brüder.
Mt 23,8

Ihr sollt niemanden unter euch Vater nennen auf Erden; 1909
denn einer ist euer Vater, der im Himmel ist.
Mt 23,9

Ihr sollt euch nicht Lehrer nennen lassen; 1910
denn einer ist euer Lehrer: Christus. *Mt 23,10*

Der Mietling, der nicht Hirte ist, 1911
dem die Schafe nicht gehören,
sieht den Wolf kommen und verläßt die Schafe.
Joh 10,12

Weide meine Schafe! *Joh 21,17* 1912

Habt acht auf euch selbst und die ganze Herde, 1913
in der euch der heilige Geist eingesetzt hat
zu Bischöfen, zu weiden die Gemeinde Gottes,
die er durch sein eigenes Blut erworben hat.
Apg 20,28

Steht jemand der Gemeinde vor, so sei er sorgfältig. 1914
Röm 12,8

1915 Gott hat in der Gemeinde eingesetzt erstens Apostel,
zweitens Propheten, drittens Lehrer,
dann Wundertäter, dann Gaben, gesund zu machen,
zu helfen, zu leiten und mancherlei Zungenrede.
1.Kor 12,28

1916 Ordnet ihr euch allen unter, die mitarbeiten
und sich mühen! *1.Kor 16,16*

1917 Christus hat einige als Apostel eingesetzt,
einige als Propheten, einige als Evangelisten,
einige als Hirten und Lehrer,
damit die Heiligen zugerüstet werden
zum Werk des Dienstes. *Eph 4,11–12*

1918 Ordnet euch einander unter in der Furcht Christi.
Eph 5,21

1919 Erkennt an, die an euch arbeiten
und euch vorstehen in dem Herrn und euch ermahnen;
habt sie um so lieber um ihres Werkes willen.
1.Thess 5,12–13

1920 Einer Frau gestatte ich nicht, daß sie lehre. *1.Tim 2,12*

1921 Ein Bischof soll untadelig sein, nüchtern,
maßvoll, würdig, gastfrei, geschickt im Lehren,
kein Säufer,
nicht gewalttätig, sondern gütig,
nicht streitsüchtig, nicht geldgierig,
einer, der seinem eigenen Haus gut vorsteht.
1.Tim 3,2–4

Ein Bischof soll kein Neugetaufter sein, 1922
damit er sich nicht aufblase. *1.Tim 3,6*

Ein Bischof muß auch einen guten Ruf haben 1923
bei denen, die draußen sind,
damit er nicht geschmäht werde. *1.Tim 3,7*

Die Diakone sollen ehrbar sein, nicht doppelzüngig, 1924
keine Säufer, nicht schändlichen Gewinn suchen;
sie sollen das Geheimnis des Glaubens
mit reinem Gewissen bewahren.
Man soll sie zuvor prüfen, und wenn sie untadelig sind,
sollen sie den Dienst versehen.
Desgleichen sollen ihre Frauen ehrbar sein.
Die Diakone sollen ihrem eigenen Haus gut vorstehen.
1.Tim 3,8–12

Niemand verachte dich wegen deiner Jugend; 1925
du aber sei den Gläubigen ein Vorbild im Wort,
im Wandel, in der Liebe, im Glauben,
in der Reinheit. *1.Tim 4,12*

Die Ältesten, die der Gemeinde gut vorstehen, 1926
die halte man zwiefacher Ehre wert,
besonders, die sich mühen im Wort und in der Lehre.
1.Tim 5,17

Gegen einen Ältesten nimm keine Klage an 1927
ohne zwei oder drei Zeugen. *1.Tim 5,19*

1928 Die Hände lege niemand zu bald auf;
habe nicht teil an fremden Sünden! *1.Tim 5,22*

1929 Wenn jemand dient, tue er es aus der Kraft,
die Gott gewährt. *1.Petr 4,11*

1930 Weidet die Herde Gottes, die euch anbefohlen ist;
achtet auf sie, nicht gezwungen,
sondern freiwillig, wie es Gott gefällt;
nicht um schändlichen Gewinns willen,
sondern von Herzensgrund. *1.Petr 5,2*

1931 Weidet die Herde Gottes,
nicht als Herren über die Gemeinde,
sondern als Vorbilder der Herde. *1.Petr 5,3*

1932 Ist jemand unter euch krank, der rufe zu sich
die Ältesten der Gemeinde, daß sie über ihm beten.
Und das Gebet des Glaubens wird dem Kranken helfen.
Jak 5,14–15

Gefährdungen

1933 Ihr sollt nichts mit einem zu schaffen haben,
der sich Bruder nennen läßt und ist ein Unzüchtiger
oder ein Geiziger oder ein Götzendiener
oder ein Lästerer oder ein Trunkenbold
oder ein Räuber. *1.Kor 5,11*

Es müssen Spaltungen unter euch sein, 1934
damit die Rechtschaffenen unter euch offenbar werden.
1.Kor 11,19

Seht euch vor, daß ihr nicht verliert, 1935
was wir erarbeitet haben,
sondern vollen Lohn empfangt. *2.Joh 8*

Ich habe gegen dich, daß du die erste Liebe verläßt. 1936
Denke daran, wovon du abgefallen bist,
und tue Buße und tue die ersten Werke!
Offb 2,4–5

Ich kenne deine Werke, 1937
daß du weder kalt noch warm bist.
Weil du aber lau bist, werde ich dich ausspeien
aus meinem Munde. *Offb 3,15–16*

Du sprichst: Ich bin reich und habe genug 1938
und brauche nichts!
und weißt nicht, daß du elend und jämmerlich bist,
arm, blind und bloß. *Offb 3,17*

Das Hoffnungsgut der Kinder Gottes und die Letzten Dinge

Wachsein und Warten auf die Wiederkunft Jesu

1939 Wachet; denn ihr wißt nicht,
an welchem Tag euer Herr kommt. *Mt 24,42*

1940 Gleichnis von den klugen und den törichten
Jungfrauen *Mt 25,1–12*

1941 Hütet euch, daß eure Herzen nicht beschwert werden
mit Fressen und Saufen und mit täglichen Sorgen
und dieser Tag nicht plötzlich über euch komme
wie ein Fallstrick. *Lk 21,34*

1942 Es gebührt euch nicht, Zeit oder Stunde zu wissen,
die der Vater in seiner Macht bestimmt hat. *Apg 1,7*

1943 Laßt euch von niemand verführen, in keinerlei Weise;
denn vor dem Tag des Herrn muß der Abfall kommen
und der Mensch der Bosheit offenbart werden,
der Sohn des Verderbens. *2.Thess 2,3*

Der Widersacher erhebt sich über alles, *1944*
was Gott oder Gottesdienst heißt,
so daß er sich in den Tempel Gottes setzt
und vorgibt, er sei Gott. *2.Thess 2,4*

Der Böse wird in der Macht des Satans auftreten *1945*
mit großer Kraft und lügenhaften Zeichen und Wundern
und mit jeglicher Verführung zur Ungerechtigkeit
bei denen, die verloren werden, weil sie die Liebe
zur Wahrheit nicht angenommen haben.
2.Thess 2,9–10

Ihr tut gut daran, *1946*
daß ihr auf das prophetische Wort achtet
als auf ein Licht, das da scheint an einem dunklen Ort,
bis der Tag anbreche. *2.Petr 1,19*

Spötter, die ihren eigenen Begierden nachgehen, sagen: *1947*
Wo bleibt die Verheißung seines Kommens?
Nachdem die Väter entschlafen sind, bleibt es alles,
wie es von Anfang der Schöpfung gewesen ist.
2.Petr 3,3–4

Eins sei euch nicht verborgen: *1948*
ein Tag vor dem Herrn ist wie tausend Jahre
und tausend Jahre wie ein Tag. *2.Petr 3,8*

Der Herr verzögert nicht die Verheißung; *1949*
sondern er hat Geduld mit euch
und will nicht, daß jemand verloren werde,
sondern daß jedermann zur Buße finde.
2.Petr 3,9

1950 Seid geduldig, liebe Brüder, bis zum Kommen des Herrn. Siehe, der Bauer wartet auf die kostbare Frucht der Erde und ist dabei geduldig, bis sie empfange den Frühregen und den Spätregen. *Jak 5,7*

Die Entrückung

1951 Siehe, ich sage euch ein Geheimnis:
Wir werden nicht alle entschlafen,
wir werden aber alle verwandelt werden;
und das plötzlich, in einem Augenblick,
zur Zeit der letzten Posaune.
Denn es wird die Posaune erschallen,
und die Toten werden auferstehen unverweslich,
und wir werden verwandelt werden.
1. Kor 15,51–52

1952 Solange wir in dieser Hütte sind,
seufzen wir und sind beschwert,
weil wir lieber nicht entkleidet,
sondern überkleidet werden wollen,
damit das Sterbliche verschlungen werde
von dem Leben. *2. Kor 5,4*

1953 Gott wird die, die entschlafen sind,
durch Jesus mit ihm einherführen.
Wir, die wir leben und übrigbleiben
bis zur Ankunft des Herrn,
werden denen nicht zuvorkommen, die entschlafen sind.
Er selbst, der Herr, wird herabkommen vom Himmel,
und zuerst werden die Toten, die in Christus
gestorben sind, auferstehen.
Danach werden wir, die wir leben und übrigbleiben,

zugleich mit ihnen entrückt werden auf den Wolken
in die Luft, dem Herrn entgegen;
und so werden wir bei dem Herrn sein allezeit.
1.Thess 4,14–17

Die Auferstehung des Leibes

Wer mein Wort hört und glaubt dem, *1954*
der mich gesandt hat, der hat das ewige Leben
und kommt nicht in das Gericht,
sondern er ist vom Tode zum Leben durchgedrungen.
Joh 5,24

Es kommt die Stunde und ist schon jetzt, *1955*
daß die Toten hören werden die Stimme des
Sohnes Gottes,
und die sie hören werden, die werden leben. *Joh 5,25*

Es kommt die Stunde, in der alle, *1956*
die in den Gräbern sind, seine Stimme hören werden,
und werden hervorgehen, die Gutes getan haben,
zur Auferstehung des Lebens,
die aber Böses getan haben,
zur Auferstehung des Gerichts. *Joh 5,28–29*

Das ist der Wille dessen, der mich gesandt hat, *1957*
daß ich nichts verliere von allem,
was er mir gegeben hat,
sondern daß ich's auferwecke am Jüngsten Tage.
Joh 6,39

1958 Ich will wiederkommen und euch zu mir nehmen,
damit ihr seid, wo ich bin. *Joh 14,3*

1959 Ich lebe, und ihr sollt auch leben. *Joh 14,19*

1960 Ich habe die Hoffnung zu Gott,
daß es eine Auferstehung der Gerechten
wie der Ungerechten geben wird. *Apg 24,15*

1961 Wenn die Toten nicht auferstehen,
so ist auch Christus nicht auferstanden.
Ist Christus aber nicht auferstanden,
so ist euer Glaube nichtig,
so seid ihr noch in euren Sünden.
Hoffen wir allein in diesem Leben auf Christus,
so sind wir die elendesten unter allen Menschen.
Nun aber ist Christus auferstanden als Erstling
unter denen, die entschlafen sind.
1.Kor 15,16–17.19–20

1962 Wie sie in Adam alle sterben,
so werden sie in Christus alle lebendig gemacht werden.
Ein jeder aber in seiner Ordnung:
als Erstling Christus;
danach, wenn er kommen wird, die,
die Christus angehören;
danach das Ende, wenn er das Reich Gott, dem Vater,
übergeben wird,
nachdem er alle Herrschaft und alle Macht
und Gewalt vernichtet hat. *1.Kor 15,22–24*

So ist die Auferstehung der Toten: 1963
Es wird gesät verweslich
und wird auferstehen unverweslich.
Es wird gesät in Niedrigkeit
und wird auferstehen in Herrlichkeit.
Es wird gesät in Armseligkeit
und wird auferstehen in Kraft.
Es wird gesät ein natürlicher Leib
und wird auferstehen ein geistlicher Leib.
1. Kor 15,42–44

Wir wissen, daß der, der den Herrn Jesus auferweckt hat, 1964
uns auch auferwecken wird mit Jesus.
2. Kor 4,14

Der Herr Jesus Christus wird unsern nichtigen 1965
Leib verwandeln,
daß er gleich werde seinem verherrlichten Leibe
nach der Kraft, mit der er sich alle Dinge
untertan machen kann. *Phil 3,20–21*

Wenn Christus, euer Leben, sich offenbaren wird, 1966
dann werdet ihr auch offenbar werden mit ihm
in Herrlichkeit. *Kol 3,4*

Die himmlische Heimat

Selig sind, die da hungert und dürstet 1967
nach der Gerechtigkeit;
denn sie sollen satt werden. *Mt 5,6*

1968 In der Auferstehung werden die Menschen
weder heiraten noch sich heiraten lassen,
sondern sie sind wie Engel im Himmel. *Mt 22,30*

1969 Freut euch nicht, daß euch die Geister untertan sind.
Freut euch aber, daß eure Namen im Himmel
geschrieben sind. *Lk 10,20*

1970 In meines Vaters Hause sind viele Wohnungen.
Wenn's nicht so wäre, hätte ich dann zu euch gesagt:
Ich gehe hin, euch die Stätte zu bereiten? *Joh 14,2*

1971 Ihr habt nun Traurigkeit;
aber ich will euch wiedersehen,
und euer Herz soll sich freuen,
und eure Freude soll niemand von euch nehmen.
Joh 16,22

1972 An dem Tag werdet ihr mich nichts fragen. *Joh 16,23*

1973 Vater, ich will, daß, wo ich bin,
auch die bei mir seien, die du mir gegeben hast,
damit sie meine Herrlichkeit sehen,
die du mir gegeben hast. *Joh 17,24*

1974 Wir sehen nicht auf das Sichtbare,
sondern auf das Unsichtbare.
Denn was sichtbar ist, das ist zeitlich;
was aber unsichtbar ist, das ist ewig. *2.Kor 4,18*

Wir wissen: Wenn unser irdisches Haus, *1975*
diese Hütte, abgebrochen wird,
so haben wir einen Bau, von Gott erbaut,
ein Haus, nicht mit Händen gemacht,
das ewig ist im Himmel. *2.Kor 5,1*

Unser Bürgerrecht ist im Himmel, *1976*
woher wir auch erwarten den Heiland,
den Herrn Jesus Christus. *Phil 3,20*

Ihr werdet euch freuen *1977*
mit unaussprechlicher und herrlicher Freude,
wenn ihr das Ziel eures Glaubens erlangt,
nämlich der Seelen Seligkeit. *1.Petr 1,8–9*

Wir sind nicht ausgeklügelten Fabeln gefolgt, *1978*
als wir euch kundgetan haben die Kraft
und das Kommen unseres Herrn Jesus Christus,
sondern wir haben seine Herrlichkeit selber gesehen.
2.Petr 1,16

Es ist noch nicht offenbar geworden, *1979*
was wir sein werden.
Wir wissen aber: wenn es offenbar wird,
werden wir ihm gleich sein;
denn wir werden ihn sehen, wie er ist. *1.Joh 3,2*

Es ist noch eine Ruhe vorhanden für das Volk Gottes. *1980*
Denn wer zu Gottes Ruhe gekommen ist,
der ruht auch von seinen Werken
wie Gott von den seinen. *Hebr 4,9–10*

1981 Wir haben hier keine bleibende Stadt,
sondern die zukünftige suchen wir. *Hebr 13,14*

1982 Gott wird abwischen alle Tränen von ihren Augen,
und der Tod wird nicht mehr sein,
noch Leid noch Geschrei noch Schmerz wird mehr sein;
denn das Erste ist vergangen. *Offb 21,4*

Das Erbe der Gläubigen

1983 Zu sitzen zu meiner Rechten oder zu meiner Linken,
das steht mir nicht zu, euch zu geben,
sondern das wird denen zuteil,
für die es bestimmt ist. *Mk 10,40*

1984 Wißt ihr nicht, daß die Heiligen die Welt richten werden?
1.Kor 6,2

1985 Wißt ihr nicht, daß wir über Engel richten werden?
1.Kor 6,3

1986 Wir müssen alle offenbar werden vor dem
Richterstuhl Christi,
damit jeder seinen Lohn empfange für das,
was er getan hat bei Lebzeiten,
es sei gut oder böse. *2.Kor 5,10*

1987 Gott gebe euch erleuchtete Augen des Herzens,
damit ihr erkennt, zu welcher Hoffnung
ihr von ihm berufen seid. *Eph 1,18*

Der Vater hat euch tüchtig gemacht zu dem 1988
Erbteil der Heiligen im Licht. *Kol 1,12*

Gott wollte kundtun, was der herrliche Reichtum 1989
des Geheimnisses unter den Heiden ist,
nämlich Christus in euch,
die Hoffnung der Herrlichkeit. *Kol 1,27*

Die Krone der Gerechtigkeit wird der Herr, 1990
der gerechte Richter, an jenem Tag allen geben,
die seine Erscheinung lieb haben. *2.Tim 4,8*

Selig sind die Toten, die in dem Herrn sterben von nun an. 1991
Sie sollen ruhen von ihrer Mühsal;
denn ihre Werke folgen ihnen nach. *Offb 14,13*

Das Tausendjährige Reich und das Ende der Welt

Gott hat festgesetzt, wie lange die Menschen bestehen 1992
und in welchen Grenzen sie leben sollen.
Apg 17,26

Es wird der Tag des Herrn kommen wie ein Dieb; 1993
dann werden die Himmel zergehen mit großem Krachen;
die Elemente aber werden vor Hitze schmelzen.
2.Petr 3,10

1994 Ich sah einen Engel vom Himmel herabfahren,
der hatte den Schlüssel zum Abgrund
und eine große Kette in seiner Hand.
Und er ergriff den Drachen, die alte Schlange,
das ist der Teufel und der Satan,
und fesselte ihn für tausend Jahre
und warf ihn in den Abgrund
und setzte ein Siegel oben darauf,
damit er die Völker nicht mehr verführen sollte,
bis vollendet würden die tausend Jahre.
Danach muß er losgelassen werden eine kleine Zeit.
Offb 20,1–3

1995 Ich sah die Seelen derer, die enthauptet waren
um des Zeugnisses von Jesus
und um des Wortes Gottes willen
und die nicht angebetet hatten das Tier und sein Bild;
diese wurden lebendig
und regierten mit Christus tausend Jahre.
Die anderen Toten aber wurden nicht wieder lebendig,
bis die tausend Jahre vollendet wurden.
Dies ist die erste Auferstehung. *Offb 20,4–5*

1996 Wenn die tausend Jahre vollendet sind,
wird der Satan losgelassen werden aus seinem Gefängnis
und wird ausziehen, zu verführen
die Völker an den vier Enden der Erde.
Und sie umringten das Heerlager der Heiligen
und die geliebte Stadt.
Und es fiel Feuer vom Himmel
und verzehrte sie. *Offb 20,7–9*

Vor dem, der auf dem großen, weißen Thron saß, 1997
flohen die Erde und der Himmel,
und es wurde keine Stätte für sie gefunden. *Offb 20,11*

Das große Weltgericht

Mein Gericht ist gerecht. *Joh 5,30* 1998

Gott hat einen Tag festgesetzt, 1999
an dem er den Erdkreis richten will mit Gerechtigkeit
durch einen Mann, den er dazu bestimmt hat,
und hat jedermann den Glauben angeboten,
indem er ihn von den Toten auferweckt hat. *Apg 17,31*

Der letzte Feind, der vernichtet wird, ist der Tod. 2000
1.Kor 15,26

Den Bösen wird der Herr Jesus umbringen mit dem 2001
Hauch seines Mundes,
und wird ihm ein Ende machen durch seine Erscheinung,
wenn er kommt. *2.Thess 2,8*

Schrecklich ist's, in die Hände des lebendigen Gottes 2002
zu fallen. *Hebr 10,31*

Der Teufel, der die Völker verführte, wurde geworfen 2003
in den Pfuhl von Feuer und Schwefel. *Offb 20,10*

2004 Ich sah die Toten, groß und klein,
stehen vor dem Thron, und Bücher wurden aufgetan.
Und die Toten wurden gerichtet nach dem,
was in den Büchern geschrieben steht,
nach ihren Werken. *Offb 20,12*

2005 Das Meer gab die Toten heraus,
und der Tod und sein Reich gaben die Toten heraus;
und sie wurden gerichtet ein jeder nach seinen Werken.
Offb 20,13

Die neue Schöpfung

2006 Auch die Schöpfung wird frei werden
von der Knechtschaft der Vergänglichkeit
zu der herrlichen Freiheit der Kinder Gottes.
Röm 8,21

2007 Wir warten auf einen neuen Himmel
und eine neue Erde nach seiner Verheißung,
in denen Gerechtigkeit wohnt. *2.Petr 3,13*

2008 Ich sah einen neuen Himmel und eine neue Erde.
Und ich sah die heilige Stadt, das neue Jerusalem,
von Gott aus dem Himmel herabkommen.
Und ich hörte eine große Stimme von dem
Thron her, die sprach:
Siehe da, die Hütte Gottes bei den Menschen!
Und er wird bei ihnen wohnen. *Offb 21,1–3*

2009 Der auf dem Thron saß, sprach:
Siehe, ich mache alles neu! *Offb 21,5*

Systematisches Stichwortverzeichnis

Übersicht

Die Stichworte im einzelnen

Des ewigen Gottes Wesen und Werk

Die Gebote Gottes (Reformierte Zählung)

Das Wort Gottes

Die Bedeutung des Wortes Gottes

Die Verkündigung des Wortes Gottes

Die Annahme und Ablehnung des Wortes Gottes

Der Mißbrauch und die Verfälschung des Wortes Gottes

Die Gottesbeziehung des Menschen im Alten Bund

Das verdorbene Herz und seine Heilung

Frömmigkeit

Anfechtung, Bewährung und Bewahrung

Dienst für Gott

Leben in der Gottesferne

Der Mensch: sein Leben und Treiben

Sein Kommen und Gehen, Denken und Trachten

Vom Lauf des Lebens

Lebensnot

Tugenden

Untugenden und Laster

Vom Reden und Schweigen

Arbeitswelt und Beruf

Die Menschen in ihrer Beziehung zueinander

Mann und Frau

Familie und Geschlechterfolge

Verwandte, Freunde und Nachbarn

Der Nächste

Volk, Stadt, Land und Regierung

Gottes auserwähltes Volk Israel

Israel in Gottes Plan

Die Erwartung des Messias und die Hoffnung auf Vollendung im Alten Bund

Jesus: der Sohn des lebendigen Gottes

Der Heilige Geist: Wesen und Wirken

Der alte und der neue Mensch

Die Welt und ihr Wesen

Zum neuen Leben berufen

Mit dem Vater und dem Sohn verbunden

Die Gemeinde Jesu

Wesen und Gestalt der Gemeinde Jesu

Nöte und Gefährdung der Gemeinde Jesu

Vom Ende der Zeiten

Wachen und Warten auf die Wiederkunft Jesu

Die Verheißung für die Gläubigen

Das Ende dieser Welt und Gottes neue Welt

Alphabetisches Stichwortverzeichnis